広瀬すずの守護霊★霊言

大川隆法
Ryuho Okawa

まえがき

今回は、十代最強女優と目《もく》される、広瀬すずさんの守護霊霊言である。表側のねらいは、若くして成功する、その「かわいさ」の秘密を探ることであり、裏の目的は、私たちが映画やドラマで観《み》る「広瀬すず」は、等身大の「広瀬すず」と同じか、同じでないか、その魂の実相《じっそう》をレントゲンのように撮影《さつえい》してみるということである。

映画関係者の間では、「そのままスーッと大女優になるのでは。」という声は強い。他方、一般アンケートでは、「好きな女優」ランキングにも、「嫌いな女優」ランキングにも登場してくる。おそらく、かわいいけど、十分嫉妬《しっと》の対象にもなりえる存在なのだろう。
本人の守護霊も、その辺を十分に理解していることが、本文中で語られている。まずは、十八歳の日本アカデミー賞主演女優の本音《ほんね》に迫ってみよう。

二〇一七年　四月五日

幸福《こうふく》の科学《かがく》グループ創始者兼総裁《そうししゃけんそうさい》
ニュースター・プロダクション（株）会長《かいちょう》　大川隆法《おおかわりゅうほう》

広瀬すずの守護霊★霊言

目次

「霊言現象《れいげん》」とは、あの世の霊存在の言葉を語り下ろす現象のことをいう。これは高度な悟《さと》りを開いた者に特有のものであり、「霊媒現象《れいばい》」（トランス状態になって意識を失い、霊が一方的にしゃべる現象）とは異なる。

また、人間の魂《たましい》は原則として六人のグループからなり、あの世に残っている「魂のきょうだい」の一人が守護霊《しゅごれい》を務めている。つまり、守護霊は、実は自分自身の魂の一部である。したがって、「守護霊の霊言」とは、いわば本人の潜在《せんざい》意識にアクセスしたものであり、その内容は、その人が潜在意識で考えていること（本心）と考えてよい。

なお、「霊言」は、あくまでも霊人《れいじん》の意見であり、幸福の科学グループとしての見解と矛盾《むじゅん》する内容を含《ふく》む場合がある点、付記しておきたい。

広《ひろ》瀬《せ》すずの守《しゅ》護《ご》霊《れい》★霊《れい》言《げん》

二〇一七年三月十五日　収録

幸福の科学　特別説法堂《せっぽうどう》にて

広瀬《ひろせ》すず（一九九八〜）

女優。静岡《しずおか》県出身。二〇一二年、「ミスセブンティーン2012」でグランプリを獲得《かくとく》し、雑誌「Seventeen《セブンティーン》」の専属モデルとして芸能界デビュー。一三年に、テレビドラマ「幽《かす》かな彼女」で女優デビューを果たし、一五年公開の映画「海街《うみまち》diary《ダイアリー》」では数多くの映画賞の新人賞を総なめにする。さらに、一六年度は日本アカデミー賞にて、映画「ちはやふる―上《かみ》の句―」で優秀《ゆうしゅう》主演女優賞、「怒《いか》り」で優秀助演女優賞を受賞し、活躍《かつやく》の場を広げている。

質問者　※質問順

磯野将之《いそのまさゆき》（幸福の科学理事 兼《けん》 宗務《しゅうむ》本部海外伝道推進室長 兼 第一秘書局担当局長）

倉岡ゆり葉《くらおかゆりは》（幸福の科学宗務本部第一秘書局長）

大川紫央《おおかわしお》（幸福の科学総裁補佐《ほさ》）

［役職は収録時点のもの］

1 十代最強女優・広瀬《ひろせ》すずの守護霊《しゅごれい》に スピリチュアル・インタビュー

日本アカデミー賞を主演と助演で同時受賞した広瀬すず

大川隆法　今日（二〇一七年三月十五日）は、女優の広瀬《ひろせ》すずさんの守護霊霊言《しゅごれいれいげん》を収録しようと思います。

ただ、私にしては珍《めずら》しく優柔不断《ゆうじゅうふだん》で、これを収録するかどうか、しばらく何日か迷っていました。彼女は現時点ではまだ高三かと思いますが（注。三月初旬《しょじゅん》に高校を卒業した）、高校時代の三年間が主な活躍《かつやく》期間なので、役者歴は短く、「もう少し見てみたいかな」という気持ちもあったので、やや優柔不断に陥《おちい》っていたのです。

彼女は、昨年（二〇一六年）度の第40回日本アカデミー賞では、映画「ちはやふる」の「上《かみ》の句」と「下《しも》の句」のうち、「上の句」で優秀《ゆうしゅう》主演女優賞を受賞され、沖縄《おきなわ》の離島《りとう》で撮《と》った「怒《いか》り」（二〇一六年公開／東宝）という作品では、優秀助演女優賞を取《しゅ》得《とく》されました。

前年（二〇一五年）度には、映画「海街《うみまち》diary《ダイアリー》」（二〇一五年公開／東宝、ギャガ）で、第39回日本アカデミー賞の新人俳優賞を取っておられます。この年齢《ねんれい》だと新人賞はありうるのですが、今回は、新人賞ではなく、優秀主演女優賞を取ったわけです。

おそらく、映画関係者は、彼女について、「高校生の役どころとしてのかわいさで人気があるだけではなく、女優として、もうある程度、いろいろな方面

映画「ちはやふる―上《かみ》の句―」（小泉徳宏《こいずみのりひろ》監督／2016年公開／東宝）

に通用するのではないか」という〝見切り〟をしたのではないかと思います。

そこで、「彼女の守護霊霊言を収録するかどうか」を決めるのは、今、公開されている映画「チア☆ダン」（二〇一七年公開／東宝）を観《み》てからにしようと思い、観てきました。

映画「ちはやふる」は、学校の部活で、かるたの早取りをする競技かるたに参加する人たちを描《えが》いていましたが、映画「チア☆ダン」は、チアリーダー部に入り、チアダンスの世界大会を制覇《せいは》する話です。

似たようなテーマなので、演じていると、だいたい似た感じになる可能性もあります。ですから、「演技に〝違《ちが》い〟が出るかどうか」ということも私は観ていました。

☆十代の若手では「最強女優」と言ってもよい

大川隆法　広瀬さんの場合、「（守護霊霊言の収録は）まだ少しだけ早いかな」と私は思ってはいるのですが、幸福の科学には、女優を目指している方で、高校生ぐらいの方が非常に多いと思うので、同じような年代の方の守護霊霊言は参考になるのではないでしょうか。

広瀬さんは、まだ完成しているとは思えませんが、今、十八歳《さい》ぐらいで注目を集めており、十代の若手では「最強女優」と言ってもよい方だと思います。映画関係者が思うとおりに、今後も成長して大女優になるかどうか、まだ少し分かりかねるところはあるのですが、このあたりの人の考え方が参考になることは間違いないと思います。

同世代の方にとっては、「どのようなことを語るタイプの人なのか。どのような人が、注目され、彗星《すいせい》のごとく上がってくるのか」ということを知るのは、勉強になるのではないかと思うのです。

ハッピー・サイエンス・ユニバーシティ（ＨＳＵ）の未来創造学部には、「芸能・クリエーター部門専攻《せんこう》コース」もあり、女優やタレントなどを目指している方もかなりいますが、その人たちには、「同世代の人の、コツというか、成功のポイントのようなものを、一つでも多く仕入れておきたい」という気持ちがあるのではないかと思います。

そういうことで、芸能界全体を見渡《みわた》して、〝上〟から順番に（守護霊霊言を）出しているわけでは決してありませんが、興味・関心が向いたところに焦点《しょうてん》を当てて、やらせていただきたいと思っています。

テレビドラマ「学校のカイダン」で注目され始める

大川隆法　広瀬すずさんについては、先ほど簡単に触《ふ》れましたが、十四歳ぐらいのころに、モデルで出てきたのではないかと思います。

本人はバスケットボール部にいて、試合に出たかったので、芸能活動のほうは「嫌々《いやいや》ながら」という感じで、かなり口説《くど》かれて始めたようです。「新人戦とぶつかるので困る」と思ったりして、それほど乗り気ではなかったようです。

その後、幾《いく》つかの作品に出ていましたが、目立ってきたのは、二〇一五年に連続テレビドラマ「学校のカイダン」(日本テレビ)に出てからです。

この「カイダン」は、「怪談《かいだん》」と引っ掛《か》けてあるのだと思いますが、実は、「階段を上《のぼ》っていく」という意味での「階段」のことであり、このドラマは「幽霊《ゆうれい》もの」ではありません。

若手の男性俳優で、今、注目されている、神木隆之介《かみきりゅうのすけ》さんとの共演でしたが、彼女はこれでテレビドラマの初主演を果たしました。

高校二年の女子生徒役で、生徒会長になり、学校と対決しながらそれを務め、メガホンを持って演説するようなところが目立ちました。

ただ、あれを観たかぎりでは、まだ、「演技がうまい」とまでは私は思わなくて、「かわいらしいけれども、運がよくて出てきている可能性がある」と見てはいました。

映画オファーが増えるきっかけとなった「海街《うみまち》diary《ダイアリー》」での演技

大川隆法　テレビ番組ではなく、映画では、同じ二〇一五年に、「海街《うみまち》diary《ダイアリー》」で四姉妹の末っ子を演じました。
上の三姉妹は同じ両親から生まれたのですが、お父さんはほかの女性と恋愛《れんあい》関係になり、妻と娘《むすめ》を捨てて家を出てしまいました。その相手の女性との間にできた娘を、広瀬すずさんが演じていました。

その父が亡《な》くなり、葬式《そうしき》に行った三姉妹は、腹違いの妹を見て、一緒《いっしょ》に暮らそうと考えます。三姉妹は、鎌倉《かまくら》にある大きな木造の古い家に住んでいたので、「一緒に住めるわ」ということで、そうするのです。

その子は、娘三人と妻を捨て、ほかの女に走った父の子供なので、本来、自分たちの〝敵〟に当たるような位置づけになるのですが、女四人で一緒に暮らすことで、「愛は憎《にく》しみを超《こ》えて」風に、一つの共同体として助け合っていきます。それをほのぼのと描いていました。

鎌倉の土地柄《がら》と、葬式や法事《ほうじ》、墓参《はかまい》りなどを、いろいろと取り入れた作品で

映画「海街《うみまち》diary《ダイアリー》」（是枝裕和《これえだひろかず》監督／2015年公開／東宝、ギャガ）

したが、彼女にとっては、「そのシックな感じのなかで、いちばん年下の妹の役がうまくできるかどうか」ということが問われたような感じでした。

綾瀬《あやせ》はるかや長澤《ながさわ》まさみという、けっこう女優として確立している方々が出ていたので、「どうなるかなあ」と思いましたが、作品としては非常に評価されました。

映画関係者は、この作品での演技を見て、広瀬すずの演技力に注目し、そのあと、彼女には、映画などのオファーがたくさん来ているわけではあるのですが、「海街diary」での演技を見るかぎりでは、「確かに、かわいらしく演じてはいるけれども、映画関係者が言うほど演技がうまいとは、この時点では、まだ言いかねるものがあったかな」と私は感じています。

ただ、あれだけの人気女優である綾瀬はるかを、一気に〝中年期〟に追い込《こ》んだ感じが出た映画であったので、その意味では、「怖《こわ》い映画だな」とは思いました。

広瀬すずと共演することによって、綾瀬はるかには、お母さん、ないしは、かなり中年期に入りかかった女性の感じが一気に出てきたのです。

役柄的にそのように演じなくてはいけなくて、実際の年齢より高い年齢の雰《ふん》囲気《いき》を出していたのは事実でしょうが、「いやあ、怖いものだな」と感じました。

この作品の時点では、広瀬すずについて、演技がうまいとはまだ思わなかったのですが、「綾瀬はるかや長澤まさみを、けっこう〝おばさん化〟してしまい、〝無力化〟した」という面があったので、その意味では、「ちょっと怖いなあ」と感じました。まあ、これは率直《そっちょく》な印象です。

☆短期間の練習でA級の「かるた取り」を演じた映画「ちはやふる」

大川隆法　去年の映画「ちはやふる」では、彼女が着物を着ているポスターが使われましたが、「上の句」と「下の句」という二編がつくられました。

率直に言うと、現代において、高校の部活の「かるた取り」を描いた映画がヒットするとは私には思えなかったので、「どうかなあ」と最初は思っていたのですが、意外に評判はよく、これで彼女は日本アカデミー賞を取ったわけです。

この映画の何がよかったのかというと、一つには、Perfume《パフューム》が歌っていた主題歌とのコラボ（連動）がよかったように思います。

〝現代的〟な感じのするアップテンポな音楽と、「和歌を読み上げてかるたを取る」という〝古式ゆかしい〟競技に和服を着て出ることを組み合わせたのですが、その〝打ち出し方〟がよかったのではないでしょうか。

映画「ちはやふる―上の句―」初日舞台挨拶に登壇した広瀬すず。

また、原作のマンガそのものの人気も要因としてあったのかもしれません。

私どもも映画をつくっているのですが、「競技かるたで映画をつくって、ヒットさせる自信があるか」というと、正直言って、ありません。率直に言うと、「このテーマでは、ちょっとつくれないな。観る人がいるのかな」と思うテーマではありました。

その古いスタイルのものを、この映画では〝格闘技《かくとうぎ》〟風に見せたのです。

しかも、広瀬さんは、短期間の練習によってでしょうが、いかにもA級にまで入っているかるた取りに見せていました。おそらく、技《わざ》の研究をされたのだと思うのです。意外に、ちょっとした剣《けん》の試合か何かのようにも見えるところがあって、驚《おどろ》きました。

彼女は、「海街diary」のときには、鎌倉に引き取られてからサッカーをするシーンのため、中学卒業間際《まぎわ》に三カ月ぐらいサッカーの練習をしたとのことですが、「ちはやふる」でも、たぶん、そのくらいの練習をして撮影《さつえい》に臨《のぞ》んでいると思うのです。

ここで少し〝変身〟したのではないかと思います。

本来の自分とは違《ちが》う役柄《やくがら》を演じてみせた広瀬すず

大川隆法 内気で、あまり自信がなく、小さな声で話している感じが本当の姿らしいのですけれども、「ちはやふる」では、やや競争心が強く、大きな声を出して、負けん気が強いところを出すような演技をしていたようです。本来、リーダー役というのはそれほど向いているタイプではなさそうなのに、そういう役をしてみせたというところでしょうか。

映画では、部を立ち上げて、大会で勝とうとするところなども出てきて、このあたりはうまくできていたと思います。普通《ふつう》なら、続編の「下の句」をつくるようなところまではなかなか行かないでしょう。

ちなみに、映画では、競技かるたの「クイーン」なる人が出てくるのですが、二十一歳ぐらいの人（松岡《まつおか》茉優《まゆ》）が演じていました。この人は、昔、幸福の科学出版主催《しゅさい》のユートピア文学賞で入賞した小説『ボディ・ジャック』を、当会の会員が映画化したときに、実は、出演しているのです。

そのときは、映画を二千万円ぐらいでつくったらしく、出演した人のほとんどが出演料を取りはぐれているという説もあるので、もらっていない可能性もあるかもしれません（笑）。まあ、そういう人が出ていたので、私の周りでも、「ええっ！　そうだったの？」という感じの反応が多かったのです。幸福実現党副党首の神武《じんむ》桜子《さくらこ》さんの雰囲気に、やや似た感じでした。

映画「ボディ・ジャック」（倉谷《くらたに》宣緒《よしお》監督／2008年公開／太秦）

おそらく、「ちはやふる」のほうでは、この人との対決のところを、さらに続編としてつくられるのでしょう。映画としては、ちょっとした戦闘性のある面白《おもしろ》さを出してきたのではないでしょうか。確かに、そのあたりはよくできていたかと思います。広瀬すずさんにしても、日本アカデミー賞まで取ったというのはすごいことです。

それから、広瀬すずさんは、以前、映画「悪人」（二〇一〇年公開／東宝）でかなり有名になった監督《かんとく》（李相日《りそうじつ》）の最新作「怒り」にも出ていますが、これは、自分からオーディションに出て勝ち得た役だそうです。離島での撮影は大変だったと思いますけれども、これでも、一定の評価は得たようでした。監督は在日の方だそうですが、すごく厳しい監督で、そうとう怒《おこ》られながら撮影をしたというようなことで、ある意味での評価は受けていたと思います。

☆映画「チア☆ダンン」で感じた広瀬すずの魅力《みりょく》

大川隆法　さらに、今年は、私も公開をちょっと待っていた、映画「チア☆ダン」を観てきました。

幸福の科学学園のチアダンス部も、全国制覇を四度以上していますし、全米でも二回ほど優勝しています（注。二〇一七年三月二十五日、幸福の科学学園那須《なす》本校のチアダンス部中学チームは、ロサンゼルスで開催された世界大会において、三度目の優勝を飾《かざ》った。なお、高校チームも二〇一四年に世界大会準優勝を果たしている）。

今回、映画のテーマにもなった福井《ふくい》商業高校のチアリーダー部「JETS《ジェッツ》」は、幸福の科学学園にとっても、大会で当たるような相手であり、お互《たが》いに手の内は分かっているというような関係だそうなので、非常に興味を持って観させていただきました。もちろん、映画では役者を使っているこ ともあり、みなさん、見栄《みば》えもよろしく、アップに耐《た》えるチームであるので、強いだけではなかったのだろうとは思います。

すずさん自身は、バスケットはしていたものの、どちらかといえば体は硬《かた》いほうで、ダンスもしていなかったと聞いています。ダンスの経験ぐらいはあるのかなと思っていたのですが、そうでもなかったようで、おそらく、練習ができたのも三カ月ぐらいだったのではないでしょうか。ほかの人たちよりも練習時間は少なかっただろうと思われます。

新しいことにチャレンジさせることで、「短期間で

幸福の科学学園那須本校の中学チアダンス部は、2016年2月にアメリカ・フロリダ州で開催された世界大会で2年ぶり2度目の優勝。さらに、17年3月の世界大会で3度目の優勝を果たした（左）。2014年には、高校チームも世界大会で準優勝に輝いている（右）。また、同学園関西校の中学女子ダンス部は、2016年4月にロサンゼルスで開催された世界大会で部門準優勝した。

それをマスターし、主役級の演技ができるか」というところを、連続して試《ため》されているのではないでしょうか。それでも、なかなか共感できるというか、感情移入できるような演技をしていたので、そこそこやったのではないかと思います。

特に、私どもも、自分たちでつくった学校からUSAを制覇したチームを出しているので、見る目は一般《いっぱん》よりも厳しくなっていることとは思いますが、それでも、ある程度観られるレベルまで行っていたように感じました。コーチというか、監督的な立場の役で天海祐希《あまみゆうき》さんが出ていたので、そことの〝ダブルの効果〟もあったかとは思いますけれども、そこそこできていたのではないでしょうか。

もちろん、幸福の科学学園のチアダンス部のほうに感想を聞けば、もしかしたら、「あそこができていない」といった細《こま》かい指摘《してき》がいろいろとあるのかもしれませんが、それだけではないところもあったように思うのです。何と言うか、一本の映画に仕上げて、華《はな》があり、人々を共感させて呼び込むような力はあったので、やはり、それだけの魅力《みりょく》はあったのではないかと思います。ダンスをしたことのない人が、短期間の練習で、全米大会に出ていてもおかしくないように見せるところまでできたということでしょうか。

厳しい人に言わせれば、「広瀬すずの顔を映《うつ》したあと、観客がウワーッと言って演技しているところを映すことで、チアダンスがうまいという印象を出している」というシビアな意見も一部にはあったのですけれども、ある程度、努力はなされたのかなと思っています。

ザッとした感想としては、そんなところです。

広瀬すずの守護霊に「若くして成功する法」を訊《き》く

大川隆法　実は、一昨日《おととい》の夜あたりにも、広瀬すずさんの守護霊が私のところに来ていて、向こうのほうから、「守護霊霊言を出したい」というようなことを言ってこられたのです。ずいぶん積極的だなと思いつつも、ちょっと不思議な感じを持っているのですが、何か、そうした面が出てくるかどうか、今日、調べることができれば幸いかと思っています。

前置きが長くなりましたので、あとは、映画通《つう》のみなさんから、いろいろと訊《き》いていただくことにします。「若くして成功する法」や、それから、「今後の予測」も含《ふく》めて、「当会のほうの考え」も出してみたいと思っています。

アカデミー賞等で、映画関係者の投票によって選ばれる場合もありますが、私のような宗教家は、別の意味での「鑑定士《かんていし》」ではあるので、鑑定して、いい評価が出た場合には箔《はく》が付くこともあるかもしれません。

まあ、悪く出れば、箔が付かないこともあるのですけれども、そういう意味で、現在では、何か別の〝鑑定機関〟のように思われてきているところがあるのです。通の人たちにとっては、「大川隆法が注目したか、しなかったか」ということも、非常に関心のあることらしいというようには聞いています。

では、始めますね。

現在、十八歳で、「十代最強女優」として頑張《がんば》っておられる、広瀬すずさんの守護霊をお呼びし、その守護霊さんの意見により、どういう人であるのか、どういうお考えをお持ちの人なのか、また、何ゆえに、今のところ、成功の波に乗っておられるのか、このあたりを調べてみたいと思います。

（手を一回叩《たた》く）広瀬すずさんの守護霊よ。

女優・広瀬すずさんの守護霊よ。

どうか、幸福の科学に降りたまいて、そのご本心を語りたまえ。

よろしくお願いいたします。

（約五秒間の沈黙《ちんもく》）

2　守護霊から見た「女優・広瀬すずの現在《いま》」

ガッツポーズで「出れた！　うれしい！」

広瀬すず守護霊　（両手でガッツポーズを取り）はあい！

磯野　こんに……。

広瀬すず守護霊　やったあ！　やった！　出れた！　やった！

磯野　こんにちは。

広瀬すず守護霊 やったあ！（手を一回叩《たた》く）うれしいんです（手を一回叩く）。やった！ 出ちゃった、最年少。

磯野 おめでとうございます。

広瀬すず守護霊 はあい。いやあ、なかなか出してくれないですよねえ（手を一回叩く）。大川先生は、けっこうねえ、厳しいんですよ。「まだ分からんよ」って、「こけるかもね」って言って、けっこう厳しいことをおっしゃるので。もう、「二十過ぎたら分からんよ」って言われるから。まあ、それは分からないんですけどね。

（手を一回叩く）うん、だけど、なんか最近、いろんな方が出て、今、評判

第41回エランドール賞の受賞式に出席した広瀬すず。

になっているので、出てみたいなあと思ってたんです、実は。うん、ここも。いろんなジャンルがあるじゃないですか。ね？　いろんな人の評価があってのものだから。まあ、こういう「宗教家の目」って、たぶん厳しいと思うから、それで見て、私ら高校生レベルの役ばっかりをやってる演技が通じるのかどうか。

そういうことで、今日は、ちょっと、私のほうから志願して出てきたところなので。決して、ご迷惑《めいわく》かけないように……、まあ、かけるかもしれないけども、かけないようにやりたいなあと思ってる。

でも、第一声は、「うれしい！」っていうところです。

☆日本アカデミー賞を受賞しての率直《そっちょく》な感想は？

磯野　本日は、幸福の科学にお越《こ》しくださいまして、本当にありがとうございます。

広瀬すず守護霊　いえいえ。いや、ほんと高校生で、っていうか、まだ十代の、まあ、選挙権が出てきたばっかりぐらいですので。社会では底辺《ていへん》、いちばん下なんで。

磯野　いや、そんなことはございません。

広瀬すず守護霊　まあ、大人と見られるかどうかのギリギリ、まだ子供と大人の境目《さかいめ》なんで。

磯野　本日は、どうぞよろしくお願いいたします。

広瀬すず守護霊　よろしくお願いします。本当によろしくお願いします。よろしくお願いします。

磯野　（笑）

冒頭《ぼうとう》、大川総裁からもご解説いただきましたように、今回の日本アカデミー賞での、優秀《ゆうしゅう》主演女優賞、また、優秀助演女優賞のご受賞、本当におめでとうございます。まずは、今の率直《そっちょく》なご感想をお聞かせいただけますでしょうか。

広瀬すず守護霊　いやあ、いいんでしょうかねえ。なんか、アカデミー賞の格が下がるんじゃないかと思って、私、心配してるんですけど。大丈夫《だいじょうぶ》かなあ。大丈夫ですかね。

だいたい、十八であんなのもらうって、その後《ご》が危ないんですよね。

磯野　（笑）そんなことは……。

広瀬すず守護霊　「その後が悲惨《ひさん》な人生」っていうのがよくあるので、「ちょっと早かったかなあ……」と思ってはいるんですけどねえ。

磯野　いえ、いえ。

広瀬すず守護霊　すみません、もっともっと演技のうまい先輩《せんぱい》はたくさんいらっしゃるのに、なんか頂いて。

いやあ、これはもう、おたく様の言葉で言えば、「●縁起《えんぎ》の理法《りほう》」とかいうの

●**縁起の理法**　仏教の中心思想の一つで、「因《いん》」（原因）と「縁《えん》」（条件）によって「果《か》」（結果）が現れるという法則のこと。「原因・結果の法則」ともいわれる。『大悟の法』『心の挑戦』（共に幸福の科学出版刊）等参照。

で言えば、〝あと、怖《こわ》いのが来る〟んじゃないですか、きっと。

磯野　いえ、いえ（笑）。そんなことはないと思います。

広瀬すず守護霊　地獄《じごく》が待ってるかも。（腕《うで》を上から下へ振《ふ》り下ろしながら）コーッと。

磯野　（笑）

広瀬すず守護霊　……で、そういうことで、罪滅《ほろ》ぼし的に、今日、何て言うかね、そういう〝厄《やく》を落としに〟来たんですけど。

磯野　分かりました（笑）。

そうしましたら、どうしましょうか。

広瀬すず守護霊　何でもいいですよ。あのね、ただの十八歳《さい》ですから。

磯野　いやいや、そんなことはないです（笑）。

広瀬すず守護霊　（質問者に）緊張《きんちょう》しないでください。マスコミなんかに出たらそんなに騒《さわ》がれるだけで、見てみたら、実はただの女子高生で。

磯野　いえ、いえ、いえ、いえ。

広瀬すず守護霊　もう、セーラー服を着せて、紛《まぎ》れさせて修学旅行に入れたら、まったく分かりませんから。ほんとに鎌倉《かまくら》を歩いたって、まったく分からないんですから、私なんか。ほんとそうです。ズームアップすればねえ、そう見えるだけなんですよ。

「清水富美加《しみずふみか》さんがうらやましい」のはなぜ？

磯野　今回、広瀬すずさんの守護霊インタビューをさせていただくということで、実は私も、広瀬さんが出演されていた作品をずっと観直《みなお》させていただいたのですけれども。

広瀬すず守護霊　厳しそうですねえ。

磯野　いや……。

広瀬すず守護霊　ああ、なんか私、昔、憧《あこが》れた人にちょっと似ている感じがする。

磯野　ちょっと、そういうご冗談《じょうだん》はやめてください。そんなはずはないと思いますけれども……（苦笑）。

広瀬すず守護霊　（笑）

磯野　やはり、十代ということで、まだ若くていらっしゃって、ご経験など、まだこれからというところはおありなんだと思うのですが、非常にポテンシャル（潜在能力《せんざい》）の高さを感じさせるところがあり、存在感というか、オーラを発していらっしゃるなと思いました。そこが、やはり……。

広瀬すず守護霊　いやあ、ポテンシャルは、ほぼないんです。

磯野　（笑）いやいや。

広瀬すず守護霊　バスケットボールをやってただけで、本当に選手にでもなれたら、それでよくて。優勝でもできたらいいなあと思ってたのが、なんかバスケットボールでは〝不完全燃焼《ねんしょう》〟で行かなかった分を、「演技でもいいじゃないか」みたいな感じで強引《ごういん》に持ってこられて。なんかねえ、私、断る勇気がないんで、「ズルズルといろんなのに出てしまって」という感じなんですよねえ。

だから、うーん、ポテンシャルはないと思いますね。あるとしたら、「ちょっと体力的に、そういうスポーツ系みたいなのが少しできるかな」っていうところですかね。

今はねえ、まあ、積極的にやってはいますけども、正直言って、もう清水富《しみずふ》美加《みか》さんがうらやましくて。

磯野　うらやましい？

広瀬すず守護霊　いやあ、〝蒸発《じょうはつ》する自由〟っていうのは、やっぱり欲《ほ》しいですねえ。

だって、断れないもん、ほんとに。ねえ？　あと、これから何が来るか分からないですから。

今は、高校生ぐらいの感じで「いい役」が来ていますけど。高校生で、そんな「悪い役」は出せない。これから、「怖い役」がいっぱい出てくる可能性はあるでしょう。できるかなあ……。

っていうか、大人の世界、さっぱり分からないので。台本を読んでも、分からないかもしれないから。

まあ、部活ぐらいだったら、だいたい想像つくから。それは経験の範囲《はんい》内だから分かるけど、大人の男女の、何て言うか、「恋愛《れんあい》」や「仕事関係」のほうに入っていったら、演技できるかなあ……。自信ない……。

その年の〝最悪女優賞〟とか、なんかそのうち出るかもしれないと思います。

映画「海街《うみまち》diary《ダイアリー》」を成功させた撮影《さつえい》テクニック

磯野　広瀬すずさんの演技を観ていますと、非常に瞬発力《しゅんぱつりょく》というか、集中力があるなと感じます。

具体的に申し上げますと、広瀬さんの知名度が上がりました「海街《うみまち》diary《ダイアリー》」のメイキングを観ていますと……。

広瀬すず守護霊 うわ、細《こま》かい。そこまで観るんですかあ。

磯野 （苦笑）実は、四姉妹の役のうち、姉役の上の三人（綾瀬《あやせ》はるか、長澤《ながさわ》まさみ、夏帆《かほ》）には事前に台本が渡《わた》されていたんですけれども、広瀬さんには台本が渡されないで、「その場で監督《かんとく》が言った台詞《せりふ》を聞いて、台詞を言う」という演技法を指導されていました。

広瀬すず守護霊 それは、字が読めないってこと？

磯野　いや、そういうことではなくて……（苦笑）。

広瀬すず守護霊　（笑）

磯野　おそらく、監督のなかに、広瀬さんの持っていらっしゃる新鮮《しんせん》さとか、初々《ういうい》しさというものを見せたいというご意図があったのかなと思いまして。

広瀬すず守護霊　あのねえ、たぶん、〝おどおど〟っとしたところを撮《と》りたかったのかなあと思うんですね。

だから、十分に練習してきて、〝すらすら〟っと言うようなことだと、いちばん下で、もらわれてきた腹違《はらちが》いの妹みたいな、おどおど、ビクビクしたところが出せないので。あんまり堂々とやっちゃったら出せないから。

まあ、それを出したくて、「自信がない状況《じょうきょう》にわざわざ置く」っていう大人のテクニックなのかなあと思いますけどね。私は、「ただただ自信のない状況でやらされるというところで、初々しさを出させようとしたのかな」というふうには思うんですけど。

いやあ、ほんとは、「いてもいなくてもいい子」が、「いてもいなくてもいい空間」に、なぜかいなきゃいけないような感じの撮影《さつえい》の仕方で撮られていて。

まあ、綾瀬はるかさんとか、長澤まさみさんとか、あと、樹木希林《ききききりん》さんとかがおばあちゃん役で出ておられたり、この前、「後妻業《ごさいぎょう》の女」(二〇一六年公開／東宝)で出ていた大竹《おおたけ》しのぶさんとか、あんなベテランだらけで、男性のほうもベテランが出ていましたよね。

だから、ベテランだらけのなかで、〝きょどきょど〟っと挙動不審《きょどうふしん》な、不安げな人が出たら、かえって目立つんですよね。そこを狙《ねら》ったんだと思うんで。それが作品を成功させたものじゃないかと思うし。

あとは、「文学性の高いもの」だったみたいだから。鎌倉を使っての、文豪《ぶんごう》なんかが好きそうなシチュエーションで、まあ、非常に断裂《だんれつ》感のある、現代的な課題を背負った家族関係の文学作品として成功しているものだと思うので。

まあ、そういうところに、うーん、何と言うかなあ、雛《ひな》を一羽、放り込《こ》んだような感じだったんじゃないでしょうかねえ。

磯野　ただ、そういうベテランの方々や大女優と一緒《いっしょ》に共演されていても、押《お》し負けていないというか、ちゃんと画面のなかに存在されていて、かつ、繊細《せんさい》な心理描写《びょうしゃ》をされていたのかなと思います。

広瀬すず守護霊　いや、負けてましたよ。

磯野　そうですか（笑）。

広瀬すず守護霊　もう、全然敵《かな》わないですよ。演技力は全然敵わない。プロはプロですよ。私なんかプロじゃないのは、もうはっきり分かりましたよ。演技力はまったく敵わないです。

年齢《ねんれい》だけですよ、若いっていう（笑）。年齢が若いっていう、これだけは、もうどうしようもないですから。「若さ」には勝てない部分は当然あるけど、演技力は全然差がついちゃって、みんなはベテランもベテランで、富士山《ふじさん》みたいに見えちゃいますので。もうしかたがないので、「野原を走っているウサギみたいに頑張《がんば》るしかない」っていうところで。

演技力では、とても勝てません。それは、もう無理です。ただ、みなさんは数多くこなしてこられてるから、「それはできて当然」と思われている方々ですので。私みたいに、「できるかどうか分からないのに、できた」っていうところが、まあ、「頑張ったね」みたいな、〝頑張ったで賞〟みたいな感じの賞が出てるところですよねえ。

まあ、「恵《めぐ》まれた」ということで、あれだけベテランを揃《そろ》えてくれなかったら、映画が注目されることはなかっただろうから。その意味では、新人賞だってもらえなかったんじゃないかなあと思います。

磯野　分かりました。

今、〝モテ期〟が来ている？

倉岡　こんにちは。

広瀬すず守護霊　こんにちは。

倉岡　（笑）すずちゃんに……。

広瀬すず守護霊　持ち上げてくださいね。

倉岡　いやあ、たぶん、国民の大半が持っているすずさんの印象を一言《ひとこと》で言うと、すずさんは本当に「かわいい」です。

広瀬すず守護霊　いや、「かわいい」っていうのは、「憎《にく》らしい」と裏表《うらおもて》なんですけどね。

倉岡　いや、でも、そのかわいさはどこから出ているんでしょうか。

広瀬すず守護霊　いやあ、年が若いだけですよ。だから、二十歳《はたち》過ぎたら、かわいくなくなる。それは〝怪《あや》しい女性〟になります。

倉岡　でも、十代のかわいさを全面に出しているところが、やはり、すごく魅《み》力《りょく》的です。

あと、私は、映画は映画館で鑑賞《かんしょう》するので、あまりＤＶＤを購入《こうにゅう》することはないんですけれども、「ちはやふる」の上下はＤＶＤまで購入した数少ない映画なんです。

広瀬すず守護霊　ありがとうございます。

倉岡　観るたびに元気を取り戻《もど》せる、本当に好きな映画なんです。

広瀬すず守護霊　あれは、「和服の美しさ」が強調されていたんですよ。

倉岡　いやいや、本当にそう思います。

広瀬すず守護霊　私じゃなくて、和服屋さんが頑張ったんです。

倉岡　いや、和服を着て凛《りん》としている姿や、「ちはやぶる」という感じを見事に表現されているすずさんが、本当に美しかったです。ただ、そのなかでも、持ち前の元気と明るさが、とても伝わってきました。

広瀬すず守護霊　やっぱり、〝頑張ったで賞〟なんですよね。だから、「暑い夏に和服を着てやれるか」っていう（笑）。みんなやめたくなるような、汗《あせ》をかきながらやってる。まあ、「努力賞」ですよね（拍手《はくしゅ》をする）、そういう意味での。

倉岡　「チア☆ダン」でもそうですけれども、ひたむきに頑張っている姿に、国民は本当に元気をもらっていると思うんです。その「元気の源《みなもと》」は何なのでしょうか。

広瀬すず守護霊　うーん。今のところですねえ、「まだ芸能界に入ったばっかり」っていう感じなので。まあ、「プロなのかなあ」という意識が出たのは去年ぐらいなんですよ。

確かに、「ちはやふる」で成功したあたりで……。まあ、今年も何本か映画は来てますけども、そのあたりから、何と言うか、「私なんかを主演にして、もしこけたら、それで終わりかなあ」と思ってたので、「こけたら駄目《だめ》だ」と思ったけど、意外に評価がよくて。あと、仕事がまだ続いたので、ようやく去年ぐらいになって、「ああ、私も女優になったのかなあ」というぐらいの感じなので。今年は、その延長でまだやってますけど。

いや、先ほど大川先生が言ったとおり、レールの上を走ってて、レールが途《と》中《ちゅう》でなくなるかもしれない。「あれ?」って(笑)。汽車で走ってたら、途中でレールがなくなるかもしれない。そういう怖さは、やっぱり感じてます。

だから、まだ、プロとしての自覚は一年ぐらい……。ほんとは一年ぐらい。

その前に、チョコチョコッと、モデルとか、いろんなものに出たりはしてたけど、まだプロという意識はなくて、いつでもやめられる態勢でいたので。

こんなに、今、ちょっと持ち上げてくれるっていうのは、これはたぶん、いわゆる〝モテ期〟が来てるんじゃないですかね。それが回ってきている。でも、これはすぐ何年かで去るんですよねえ、たぶんね。

倉岡　大川隆法総裁もおっしゃっていましたけれども、やはり、「若手最強女優」だと私も思うんですね。

広瀬すず守護霊 「最強」というのは、ちょっと何か怖い感じが……。

倉岡 (笑)ただ、頭一つ抜《ぬ》き出ている感じは、強く感じます。

広瀬すず守護霊 うーん、まあ、そうですかねえ……。そうですかねえ……。

ガッツでスターらしく見せるしかなかった映画「チア☆ダン」

磯野 今、「モテ期」とおっしゃったんですけれども、チャンスが来たときに、それを「つかめる人」もいますが、「つかめない人」のほうが多いと思います。

広瀬すずさんは、まさしくチャンスをつかまれた方だと思うんですけれども、「チャンスをつかむための心構え」や、あるいは、「広瀬さんがチャンスをつかまれるまでに、どういう努力をしてこられたのか」について、お話しできる範囲で結構ですので、お聞かせいただけますでしょうか。

広瀬すず守護霊　嘘《うそ》を言ってるように聞こえるなら申し訳ないと思いますけれども、女子高生として見たら、ほんとに平凡《へいぼん》なんです。群れのなかに入ってみたら、ほんとに埋没《まいぼつ》してまったく分からない。

「チア☆ダン」でも、部長（役）をやってた中条《なかじょう》さん……。

倉岡　中条あやみさん？

広瀬すず守護霊　モデルとして見たら、あちらのほうがスーパーモデルで、よっぽどかっこいい。ねえ？　百七十センチもある、スラッとしたかっ

映画「チア☆ダン～女子高生がチアダンスで全米制覇しちゃったホントの話～」（河合《かわい》勇《はや》人《と》監督／2017年公開／東宝）

こいい方が部長をやってて。この人に代わって主役を取るなんていうのは、演技のなかでもそうとう難しくて、できるかどうか分からない。負けちゃうかもっていうぐらいの感じ。ほんとそうだったんですけど。

まあ、〝大人の力〟で、なんか、主役に持ってきてくれたんですが、いやあ、もう平凡ですよ。ほんと平凡なんで。平凡な普通《ふつう》のおかっぱの女の子みたいなものなんで、それを「スターに見せる」っていうのは、やっぱり、「ガッツでもないと、もう、できない」っていう感じですかね。

だから、まあ、今のところ、ほんと、体育会系の部活で、「優勝目指して頑張ろう」みたいな感じ（笑）でやってる延長です。

それ以上の深い「人生観」もないし、「勉強」もできてないので、ただそれだけで、うん。年がもうちょっと行って、女性として丸みが出てきたりしたら、少しは違ってくるかもしれません。

倉岡　なるほど。

3 綾瀬《あやせ》はるかさん、長澤《ながさわ》まさみさんのこと

演技の幅《はば》を広げたくて自《みずか》ら志願した映画「怒《いか》り」への出演

倉岡　あと二年もすると、二十歳《さい》という一つのラインを越《こ》えて、大人になっていくわけですけれども、二十代になれば、また違《ちが》った役ができるかと思います。今後、何か演《や》ってみたい役などはございますか？

広瀬すず守護霊　はあ……。私のほうからは、今はちょっと言えるような状況《じょうきょう》でなくて、来たものは断れないで出てる状態なので。まあ、みなさんが「どういうふうな役を見たいか。演らせたいか」っていうことになるでしょうね。

高校生ものも、まだ二年ぐらいはできるのかもしれないんですが、主として

高校生から大学生ぐらいの、「恋愛《れんあい》ものの役」なんかが来ることが多いのかなあとは思います。

それ以外に、先輩《せんぱい》がたがいろいろとこなした演技の役柄《やくがら》を、自分は何だったらできるかっていうのを、未来を、こう、想像して考えてるところですけども。まだほんとは、「もしも外《はず》したらいけないなあ」と思って、怖《こわ》いから、「若い、かわいい」で行けるところまでは行って、「その間に、何に使えるか見よう」っていうところだろうとは思うんですけどねえ。

清水富美加《しみずふみか》さん……、千眼美子《せんげんよしこ》（清水富美加の法名《ほうみょう》）さんですか？　いや、すごいなあと、私なんかは思ってますよ。なんか、どんな役でもこなしていかれるから、あんなふうに芸達者になれたらすごいなあと思うけど。私なんか、〝こけし人形〟みたいに座《すわ》らせる以外に、使い道があんまりないんですよ、今。だから、もうちょっと幅《はば》を広げようと思って、「怒《いか》り」という映画も自分から志願して、オーディションを受けたりもしたんですが、ちょっと変わった役っていうか、「そんな役できるの?」って周りが言って。そのままだったら絶対回ってこないだろうと思うような役みたいなのを志願して、いろんなことができるかどうか、少しやってみたいなあと思ってはいるんですけど。

先ほど言った綾瀬《あやせ》はるかさんとか、長澤《ながさわ》まさみさんとか、もう、〝横綱《よこづな》・大《おお》関《ぜき》級〟ですから、私なんか〝幕下《まくした》〟で、全然通用しないんですよね、ほんとねえ。だから、かわいさ以外、何にも出すものがないんですよ。

あとは、樹《き》木《き》希《き》林《りん》さんみたいな、おばあちゃん役の人と組み合わせたら、かわいい孫娘《まごむすめ》に必ず見える「パターン」ですよねえ。「勝利のパターン、(勝利の)方程式」で、大人はそういうふうに必ず使おうとするから。ああいう名優

映画「怒《いか》り」(李相日《りそうじつ》監督／2016年公開／東宝)

のおばあちゃんとぶつけたら、絶対、かわいい孫娘になるんですよねえ。そういう必勝のパターンで、みんな攻《せ》めてくるけど。

そのパターンを崩《くず》して、変わった演技みたいなのを当てたら演れるかって言われると、うーん、まだ自信はないし。周りにも、率直《そっちょく》に、まあ、事務所なんかでも護《まも》りたいほうでしょうねえ。まだ稼《かせ》げるうちに、「稼げる路線」で、行けるところまで行こうと、たぶん、思っているんじゃないかなあとは思います。

平凡《へいぼん》な自分を「非凡」に見せようとしてくださる人たちに応《こた》えたい

倉岡　先ほども、「ガッツ」というお話がありましたけれども……。

広瀬すず守護霊　はい、はい。

倉岡　すずさんは全国高等学校サッカー選手権大会の応援《おうえん》マネージャー（第十代）もされていて、お姉さんが同じ役を務められたときも含《ふく》めて、私は拝見したことがあります。そういう意味では、すずさんは「日本の応援リーダー」という感じがしていまして、見ていると、すごく元気になるんですね。

今日は、できれば、その「エネルギーの源《みなもと》の秘訣《ひけつ》」を教えてほしいと思います。何か湧《わ》いてくるもの、ガッツといったものは、どこから出てくるんですか。

広瀬すず守護霊　まあ、テレビのドラマで「学校のカイダン」をやったときに、何か、女性の生徒会長役みたいなのを演らされて、神木《かみき》（隆之介《りゅうのすけ》）さん（雫井《しずくい》彗《けい》役）のご指導の下《もと》、シナリオで書いたとおりに生徒会長を演じるみたいなのをやって。とにかく大声を出して、みんなに振《ふ》り向いてもらおうとするような役を演ったので、まあ、自分にもちょっとそういうイメージみたいなのが強いのかなあとは思うんですけど。

うーん……。そうですね。まあ、今のところ、私の使われ方としては、その「チア☆ダン」じゃないけど、何か応援するコギャルですかねえ。応援するコギャルみたいな、元気ピチピチっていうところが売りで。食べ物に変えられる前のシラスみたいなものでして（笑）。それ以上、あるかどうかは……。

「やる気はどこから出てくるか」といっても、うーん……、まあ、急に出てきましたからね。高校時代から、ほんと、高校、高一、高二、高三と、あまりにも恵《めぐ》まれた感じの出方《でかた》だったので、うーん、自分自身も、「それだけの勉強をしたか、練習をしたか」って言われたら、できてるわけではないので。

今はまだ大人に甘《あま》えられるので、監督《かんとく》さんとかベテランの方に甘えて、かわいがってもらいながら演じているから、いけてるんだけど。いずれ、その二十《はた》歳《ち》のラインを越えたら、かわいがってもらえなくなる可能性がある。堂々たるライバルと見て、敵視されることもあることだと思うので、そのときに、弱点がどこかをみんなに見られて、「ここが弱点だなあ」と思ったところを攻め込《こ》まれてくるのかなあと思ってますけどね。

うん、人間だから、「弱点」はあります。私なんかは、本当は、「全体に平凡《へいぼん》なところ」が弱点なんです。全体が平凡なんで、平凡なやつを「非凡」に見せようと、みんな頑張《がんば》ってくださってるので、それに応《こた》えようと思ってるところだけが、まだ若くて初々《ういうい》しく、健気《けなげ》な感じに見えてるっていうことでしょうか。

だから、いやあ、一緒《いっしょ》にやってる、上のお姉さんやお母さん役を演った方々、どの人の演技だって、どれをやれと言われても、まだ、どれもできないのばっかりなんで。

例えば、長澤さんは、確か、映画「WOOD《ウッ》 JOB《ジョブ》！ ～神去《かむさり》なあなあ日常～」

（二〇一四年公開／東宝）とか、あんなのに出てたと思うんですが、あれは、三重県《みえ》か何か、ねえ？　山のなかで樵《きこり》をするような村でのあれでしたが。いやあ、「ああいうのでもできるか」っていっても、できないかもしれないし。綾瀬さんの芸の幅って、もう、目茶苦茶《めちゃくちゃ》広いですので。

（自分に）できる役がどれがあるかっていうと、こちらが探すのが大変で、できない役のほうが、やっぱり多いですよねえ。樹木希林さんの味なんていうのは、もう絶対に出せないです。それはもう、それはもう無理。無理も無理ですが。

今回の「チア☆ダン」でも、（高校チアダンス部時代から）数年後ということで、後輩を教える先輩役でも出たけど、「似合ってない」って〝一刺《ひとさ》し〟言われる方も、やっぱりいらっしゃるし。ほんの数年後だから、まあ、二十歳から二十二、三歳の役でしょうけど。ちょっと年上の役をしただけで、もう、

「似合ってない」と言う方もいらしたので。うーん、厳しいなあと思います。

4 「〝紙一重《かみひとえ》〟のところを今、走ってます」

☆役から離《はな》れたところでは「等身大の十八歳《さい》」で行きたい

大川紫央　こんにちは。ええと……。

広瀬すず守護霊　怖《こわ》い、怖い方のようで……（笑）。

大川紫央　（笑）三月に高校を卒業されたとのことで、このたびはおめでとうございます。

広瀬すず守護霊　卒業できたんですかねえ、ほんとにねえ。何か、学校側のご厚意《こうい》により、卒業できたんでしょうか。

大川紫央　おめでとうございます。

若いうちから活躍《かつやく》されているわけですが、先ほどからお話を伺《うかが》っていると、一躍有名になられても自分を見失わず、地に足がついている感じのところはすごいなと思いました。

先ほど、お言葉のなかに、「かわいがってもらえる」とおっしゃっていたところがあって、そこが「若いうちに成功していく秘訣《ひけつ》の一つなのかな」と思ったんですが、何か、諸先輩《せんぱい》や周りの方々からかわいがられるポイントというのはありますか。

広瀬すず守護霊　うん、私も姉がいて、姉も女優といえば女優ではあるのですけれども……（注。姉はモデル・女優の広瀬アリス）。なんか、今、妹のほうがちょっと目立ってしまっている関係だけど、きょうだい関係はそんなに仲悪くなりたくないので、そのへんは、まあ、気を遣《つか》って話をしたりして接してはいます。

その応用で、ほかの方々とも対応しなきゃいけないし、私より年上でも、何と言うか、私を盛り立てる役に配剤《はいざい》されてる方がいっぱいいるじゃないですか、ドラマのなかにね？　そのときに、やっぱり、「自分より年下の子が、かわいいだけで主役かぁ」みたいな感じに思ってる方はけっこういるだろうと思うので、まあ、そうした人の気持ちはよく分かってなきゃいけないかなあというふうに思っています。

だから、役は役として、頂いたらそれに徹《てっ》してやらなきゃいけないとは思っているんですけども、役から離《はな》れたところでは、等身大の十八歳《さい》でなければいけないのかなあと、自分では思ってて。「それ以上でも、それ以下でもない」ということは、いつも自分では思っています。

女優として才能があるかどうかなんかは、まあ、「結果論」なので、幾《いく》つか出続けて、飽《あ》きられるかもしれないし、失敗もするかもしれないし、成功し続けるかもしれないし、「大女優になるかも」なんて声が出てきたら、「ちょっと危ないんじゃないかなあ」っていうふうな気持ちが本能的に働いてはきます。

まあ、「姉との人間関係の取り方」あたりから、それをヒントにして、「ほかの人との人間関係」は考えてやってるというところでしょうか。

今、転落するかどうか、〝紙一重《かみひとえ》〟のところを走っている気持ち

大川紫央　俳優の世界のみなさまだと、「大女優病」などといろいろなことを言われたりすることもありますし、その業界で若いときから活躍していくため

には、天狗《てんぐ》になったりしないこともポイントの一つだろうと思うのですけれども、広瀬さんご自身が何か気をつけていらっしゃることなどあれば、ぜひ、お教えいただきたいなと思います。

広瀬すず守護霊　この方、〝怖い〟ですねえ。なんかすごく怖い。なんかすごく怖い（笑）。

若い女性の方々、みなさん、すごく怖がってらっしゃるんじゃないですか？

大川紫央　（笑）そうかもしれないんですけれども、今日はこういう質問をするという役割を与《あた》えられておりますので。

広瀬さんの情報等をチラチラ見ておりますと、やはり、どちらかというと、「スタッフのみなさまにもかわいがられて、評判がいい」っていうようなお話をお伺いすることのほうが多いのかなとは思うんですけれども、何か気をつけていらっしゃることなどはありますでしょうか。

広瀬すず守護霊 うーん……。いやあ、私、もうほんと、今、〝紙一重《かみひとえ》〟のところを走ってるとは思ってるんです。だから、ほんの不用意な一言《ひとこと》でも、けっこう転落するあたりを走ってるだろうと思いますよ。

高校生でアカデミー賞（優秀《ゆうしゅう》）主演女優賞受賞なんていうの、こんなの、ねえ？　まあ、日本のアカデミー賞は、アメリカに比べれば、それは、格がずっと下でしょうけども。エマ・ストーン（映画「ラ・ラ・ランド」〔二〇一七年日本公開／サミット・エンターテインメント、ギャガ、ポニーキャニオン〕で米アカデミー賞主演女優賞）みたいな感じに思われたら、やっぱり、それは間《ま》違《ちが》いのもとなんで。

何か不用意な言葉を吐《は》いて、誰《だれ》かの逆鱗《げきりん》に触《ふ》れるっていうようなことがあったら、それで終わりかもしれないなあと思ってます。

厳しい監督《かんとく》や難しい役にチャレンジして自分を鍛《きた》えたい

広瀬すず守護霊　今回、「悪人」でも監督《かんとく》をやった厳しい監督（李相日《りそうじつ》）さんにしごかれたんですけども、ああいうふうに、まったく演技として認めてくれないような方っていうのは、ほんとにありがたいなあと思って。

一日、まったくカメラを回さないんですよねえ。「あなた、何やってるわけ？」みたいな感じで、こう言われて。カメラを回さないんですよ。ねえ？　演技してるつもりなのに、演技として認めてくれないで、「何してるの？」っていうような感じで……。

やっぱ、ああいう厳しい人に鍛《きた》えていただいたほうが、何と言うか、人間として慢心《まんしん》しないで、「まだまだ自分を磨《みが》かなきゃいけないんだ」っていう気持ちになるなあと思って。

これからも、できるだけ、自分に厳しく接してくださるような監督さんとか、「自分にはちょっと無理かも」と思うぐらいの役に、緊張《きんちょう》しながら出るような機会があれば、なるべくそういうのを選んでいきたいなあと。

「自分は、こんな役なら楽に、自分自身のそのままでやって当たる」っていう作品が来たら、それは拒《こば》みませんけども、そういうのを選ぶんじゃなくて、できたら、「自分にはちょっと難しいかな。怒《おこ》られるかなあ」と思うような役に、できるだけ積極的にアタックしていきたいなあと思ってます。うん。

だから、そういう意味で、何と言うか、今の成功は、まあ、短期間の成功はあるかもしれないけども……、成功といっても、一、二年ですけども。まあ、一年ぐらいかなあ。せいぜい二年の成功ですけど、まだこれは、まぐれの可能性はかなり高い。

　それは、さっき大川先生が言われたように、まぐれの可能性はそうとう高いので、これ、何か一つ、「あれっ？　こんな演技しちゃった」って言われただけで、ストーンと評価は下がるので。アカデミー賞なんかに出てるのが、かえって〝災《わざわ》い〟になって、足をすくわれることはあるかもしれません。「アカデミー賞女優がそんなんでいいのか」って悪評がパーッと出たら、もう、一気に落ちる可能性があると、私は思って……。まあ、その可能性は七十パーセントぐらいあると思ってるので。

　だから、今はまだ、こう、チャレンジャーというか、チャレンジする精神を忘れてたら、難しい監督さんや、難しい作品に挑戦《ちょうせん》していこうっていう気持ちを失うので、そういう、出来上がったつもりには、絶対になっちゃいけないと思ってます。

まあ、出来上がったように言ってくださる方には、「ありがたい」と、もう、「感謝、感謝」ではあるけども、それをできるだけ小さく聞かなきゃいけないなあということだけは、いつも思ってます。

5　「女優」という仕事って……。

「自分の実力というよりも、周りの人が担《かつ》いでくださった感じ」

大川紫央　お伺《うかが》いしていると、すごく謙虚《けんきょ》な方でもあるのかなと思うんですけれども。

広瀬すず守護霊　役者ですから（笑）。

大川紫央　（笑）そういう考え方は、どういった面で鍛《きた》えてこられたんでしょうか。やはり、どこかから、やっぱり……。

広瀬すず守護霊 「どこかから」って……、さっき、自分はバスケットをやってるという話もありましたですけど、中学時代、そんなに、うーん……、スターとかタレントとかに向いてるとは思ってなかったんで。

それが、「モデルになれ」とか言われて、「次は映画に出てみないか」とか、「CMに出ないか」とか、いろいろ言われて。「周りの人が持ち上げてくれている」っていう感じのほうが強くて。うん、まあ、「自分が、強く、なりたくてこうなった」っていう感じは、あんまりないんです。その意味では、何と言うか、御輿《みこし》に担《かつ》がれた感じが非常に強いので、やっぱり、実力ではないと思いますねえ。実力ではない。

だから、せいぜい、サッカーで、大勢でチームを組んでやっているなかの一人？　ほかの人が頑張《がんば》って球《たま》を入れてくれる（笑）。ほかの人が頑張ってブロックして（笑）、ゴールを決めさせてくれる。それでも、一緒《いっしょ》に走ってたら、チームとして優勝とかいうことになる。

まあ、そんな感じで、どっちかというと、みんな、「演技は個人でやるものだ」と思ってるでしょうけども、私の頭のなかには、「さわやかイレブン」風の、何と言うか、うーん、そんなチームでやってて、それで映画とかドラマとかを仕上げている感じはあるんですよねえ。

自分は、もちろん主演で来ることもあるし、そうでない場合もあります。助演もあるし、それ以外もあるけれども。やっぱり、チーム全体でゴールを入れて、得点を上げて勝たなければいけないんで。

だから、「自分が、自分が」っていう気持ちが強すぎて、ほかの人の魅力《みりょく》を消してしまったり、あるいは、監督《かんとく》さんの、何と言うか、全体の計画や見取り図みたいなのを〝独走《どくそう》〟で壊《こわ》しちゃったりしちゃいけないなあ、という。やっぱり、「チームプレー」っていうのは、基本があって、チームプレーがあって、そのなかで自分の任されたポジションで、一生懸命《いっしょうけんめい》、持ち場を守って頑張るっていう気持ちはいつも持っています。

だから、主演であろうと、通行人であろうと、死体役であろうと、まあ、何であっても、それが私のポジションであるなら、それを演じるしかないかなと思っているので。「あんまり偉《えら》くならないほうがいいなあ」と、自分でも今も思っています。あんまり偉くなったら、できる演技が少なくなってくるので、「まだいろんな演技をしてから偉くなりたいなあ」という気持ちは持ってますね。

私も役者ですから、全部、本気で聞かなくてもいいですけども、まあ、いちおうそう思ってます。

広瀬すずの守護霊が語る「人間関係をうまく保つコツ」

大川紫央　もう一点あるんですけれども、俳優の方々に対しては失礼な言い方になるかもしれないのですが、女優さんの世界に入ると、やはり、容姿《ようし》がお美しい方がたくさんいらっしゃるので。

広瀬すず守護霊　はい、はい、はい。そうです。

大川紫央　みなさん、それなりにプライドをお持ちになっておられると思いますし、競争の厳しい世界でもあると思うんです。

広瀬すず守護霊　ええ、ええ、ええ。

大川紫央　そういったなかで、人間関係をうまく保っていくコツといいますか、そういうものはありますか。十代であられるので、まだ全部を教えていただくのは難しいと思うのですが、お若い分、「若い」ということへの嫉妬《しっと》もあるかもしれません。もし、広瀬さんがつかんだ、調和する心を保つ秘訣《ひけつ》のようなものがありましたら、お教えいただければありがたいです。

広瀬すず守護霊　うーん……。（約五秒間の沈黙《ちんもく》）まあ、基本は何ですかねえ。うーん、バカですから、「バカだ」ということは、みんな知ってなきゃいけないと思うんですよね。

〝役者バカ〟で、高校の学業もろくにやってないで、まあ、二時間の映画に出るために、けっこう何カ月も使って、台本を読んで演技練習をやっている。それで、みんなにちやほやはされるけども、結局は、ほかの人がまともにやってる勉強とか経験もしないで、花道《はなみち》を歩いてるようなところもございますので。「自分が目立っている分、ほかの高校生や同《おな》い年の女性たちなら当然経験したり、勉強したりしてることが欠けてる」ということは、やっぱり知ってなきゃいけないと思うんですよ。役は演じるけれども、その役になれるような賢《かしこ》さは実際は持ってないかもしれないので。

これから「大人の役」も出てくると思うし、「いろんな職業の役」をしなきゃいけないと思うけれども、おそらくは、「等身大でない役」だと思うんです。だから、私なんかが勉強したり経験したりしたことではできないような役を、役柄《やくがら》として演じなきゃいけないように、たぶんなるとは思うんですけど、そういうときに、それが自分の等身大だと思ったら間違《まちが》いなんじゃないかなあと思うんで。

やっぱり、ほかの人たちが、高校で一生懸命勉強したり、大学で一生懸命勉強したりなさってることは無駄《むだ》ではないはずで、たぶん、人間として完成され、立派になっていく道をちゃんと歩んでおられる方だと思うんですね。そういう方が、撮影《さつえい》のために学業を放り出したり、人間関係をいっぱい断《た》ったりして、やってきた方より劣《おと》るわけではないんです。そういう、実際に生きてる方々が、ほんとはご立派に生きておられて、こちらのほうが、〝マイナーな世界〟に実は生きてるわけですよ。「当たるも八卦《はっけ》、当たらぬも八卦」というか、ギャンブル性の高い職業ですので、そういう怖《こわ》いところを歩いていますから。

普通《ふつう》に勉強して普通に進学して、認められて社会的地位を築いていかれる方のほうが、実は王道を歩んでるので、「自分らは、ギャンブルみたいなものが、いつも付きまとってるんだ」っていうことは忘れちゃいけないなあと思う。ほんと、「一作で転落する可能性」は高いと思ってますから。

そのあとに、あるかといったら、今度は学歴もなく、勉強もしてないし、就《つ》ける職業もない世界が来るんですよね。あとはアルバイトぐらいしか仕事がないし、あるいは、どこかの受付ぐらいには雇《やと》ってもらえる可能性はありますけれども（笑）、まあ、恥《は》ずかしいでしょうしね。女優として売ってて、受付に座《すわ》ってるだけみたいなんだったら恥ずかしいだろうから、なかなかプライドが許さなくなってる。そのときは、そうなってるかもしれませんので。だから、「先はそんなに甘《あま》くないなあ」っていう気持ちはありますねえ。

まあ、真っ当にお勉強されて、ちゃんとした会社なんかに勤められて、そこでキャリアを積んでいかれて、まあ、エリートの方と結婚《けっこん》なされたりするような方のほうが、よっぽど正統派だというふうに私は思っています。

6 「広瀬すず的でないほうが成功すると思う」

「息の長い女優になれたらいいなあ」

磯野　先ほどのお答えのなかで、「ここ一年ぐらいで、プロとしての自覚が出てきた」、あるいは、「覚悟《かくご》が固まってきた」というようなお話がありましたが、これから先、どういう女優を目指していらっしゃるのでしょうか。

広瀬すず守護霊　いや、プロとしての自覚といっても、そんなにずーっと高いものではなくて、「女優業やタレント業で、もしかしたら食べていけるのかな」という（笑）、まあ、そんなとこですかねえ。

モデルとかでしたら、やっぱり一定の年齢《ねんれい》が来たら、たぶん仕事がなくな

ると思うんですけど、「もしかしたら食べていける可能性があるかな」ってい
う、そんな感じ。「自活できるようになる可能性があるかな」というあたりで
す。だから、「プロの自覚」というのが、そんなにずーっとあるというような
もんでは、当然ないんですけどね。

目指す女優ですかあ。どうかなあ……。言い方を間違《まちが》うと、これまた、「さ
すが宗教。厳しいな」とみんなに言われることになるから（笑）。どうしよう
かな。どうしようかな。あのー、言い方を間違うといけないんですよねえ。ど
のあたり……、そうですねえ……、うーん……。

まあ、「あの年齢で、薬師丸《やくしまる》ひろ子さんみたいな感じになれたらいいな」と
いうふうには思うんですけどねえ。お母さん役ができるぐらいの感じ？ 若い
ころは、十八歳《さい》ごろからすごく目立ってた方だと思うけど、うーん、幾《いく》つぐら
いになられたか……。五十代ぐらいでしょうか。五十代ぐらいでまだ役があ

って、お母さん役で重宝《ちょうほう》されるような感じだし。もうちょっと年齢が行けば、「樹木希林《ききりん》さんみたいな、いいおばあちゃん役ができる、そういうふうな息の長い女優になれたらいいなあ」と。

だから、年齢が下で、かわいいだけの役ならできる女優で終わってしまうのがいちばん怖《こわ》いと、自分では思っているので。できたら、先のある女優になりたいなあと思ってます。

二十代とかは、きれいで演技のうまい方がいっぱいいらっしゃるので、ここは大激戦区だと思うので。これから、高校生が終わってから抜《ぬ》け出していった世界は、それはすごい〝激戦の海〟だと思いますのでね。私も、「いつ魚雷《ぎょらい》が当たって沈没《ちんぼつ》するか分からない」というふうには思ってます。

また、恋愛《れんあい》とかでも、いろいろ難しい問題も出てくるのかもしれないし、人間関係でも、もうちょっとベテランの方から演技を責められることも、たぶんあるだろうし。
いやあ、「精神力が強くないと生きていけないなあ」と思いますね、ほんとに。

☆二つの点から、「演技が成功したかどうか」を考えている

大川紫央　広瀬さんの守護霊様が考える「演技の魅力《みりょく》」って何でしょうか。

広瀬すず守護霊　まあ、一つは、すごく〝自己中〟なんですけど、テレビとか映画を観《み》て、実物の自分よりちょっとでもよく見えたら、自分としては成功したかなあとは思ってます（笑）。実物よりよく見えたら……、だから、演技をしていて、実物よりかわいい女子高生や、かわいい女優に、もし見えたら、これは一つの成功だと思ってます。

あとは、ファンみたいな方もついてきて、できてきつつはあるので、そうした、何と言うかなあ、まあ、宗教にも似てると思うんですよね、ある意味でね。好きな女優さんとか俳優さんのファンになるっていう人は、固定ファンになると、けっこう年を取っても、ずーっとついてくださるじゃないですか。そういうふうな固定ファンができるっていうのは、確かに宗教にも似たようなものがあると思うので。

だから、「みんなの信頼《しんらい》を裏切らない仕事をする」っていうことが大事なのかなあとは思ってるんですよね。

広瀬すずの映画を観ても、「これはよかった」、「これはがっかりしたな」、「これはひどかったなあ」、「これは何とも言えないな」とか、〝でこぼこ〟がありすぎて、ファンになった方が、「一回ごとにどうなるか分からないので心労するなあ。胃潰瘍《いかいよう》ができちゃうよ」みたいな女優になっちゃいけないないなと思ってます。

ファンになってくださった方が、作品を観てくれたとき、ある程度、「ああ、よかった」と言ってくださるようになれば、自分としては、まあまあの成功かなというふうに思っていますね。

まあ、この二点は、心しているところです。

広瀬すずの守護霊が考える「成功の秘訣《ひけつ》」

倉岡　お話を聞いていますと、「一つずつ作品を、一生懸命《いっしょうけんめい》、確実に演じてこられたのだな」と思いますし、謙虚《けんきょ》さも感じます。
今、すずさんは、十代でとても輝《かがや》いている女優さんだと思うのですが、すずさんから見て、どういう人が上に上がっていくようなタイプなのでしょうか。

郵便はがき

料金受取人払郵便

赤坂局
承認

9429

差出有効期間
平成31年2月
28日まで
(切手不要)

1 0 7-8 7 9 0

112

東京都港区赤坂2丁目10−14
幸福の科学出版(株)
愛読者アンケート係 行

フリガナ お名前	男・女	歳
ご住所 〒 都道府県		
お電話 ( ) −		
e-mail アドレス		
ご職業 ①会社員 ②会社役員 ③経営者 ④公務員 ⑤教員・研究者 ⑥自営業 ⑦主婦 ⑧学生 ⑨パート・アルバイト ⑩他 ( )		
今後、弊社の新刊案内などをお送りしてもよろしいですか? (はい・いいえ)		

愛読者プレゼント☆アンケート

『広瀬すずの守護霊☆霊言』のご購読ありがとうございました。今後の参考とさせていただきますので、下記の質問にお答えください。抽選で幸福の科学出版の書籍・雑誌をプレゼント致します。（発表は発送をもってかえさせていただきます）

1 本書をどのようにお知りになりましたか？

①新聞広告を見て [新聞名：]
②ネット広告を見て [ウェブサイト名：]
③書店で見て　④ネット書店で見て　⑤幸福の科学出版のウェブサイト
⑥人に勧められて　⑦幸福の科学の小冊子　⑧月刊「ザ・リバティ」
⑨月刊「アー・ユー・ハッピー？」　⑩ラジオ番組「天使のモーニングコール」
⑪その他（ ）

2 本書をお読みになったご感想をお書きください。

3 今後読みたいテーマなどがありましたら、お書きください。

ご感想を匿名にて広告等に掲載させていただくことがございます。ご記入いただきました個人情報については、同意なく他の目的で使用することはございません。

ご協力ありがとうございました。

広瀬すず守護霊　それを私に訊《き》くんですか。

倉岡　いえ、今のすずさんが経験して、思われることでよろしいので、どういうふうに上がってこられたのかを、ぜひお伺《うかが》いしたいんですけれども。

広瀬すず守護霊　いやあ……、私の場合は、もう恵《めぐ》まれすぎているので、これはあんまり例にされないほうが……。

もうちょっと演技派の方とかですね、もうちょっと上手《じょうず》な方はいっぱいいらっしゃるので、そちらのほうを参考にされたほうが、プロには適しているんじゃないかなあと思います。

まあ、今の感じは、たぶんですねえ、年配《ねんぱい》の方から見れば、「こんな娘《むすめ》がいたらいいな」と思われたいっていうあたりのターゲットだし。それから、若い人から見たら、「こんな妹がいたらいいかな」とかですねえ。まあ、まだ「恋《こい》人《びと》」までは行っていないんじゃないかな。恋人……、まで行っていないかもしれないけれども、「ガールフレンドぐらいで、このくらいの子がいたらかわいいかな」と思ってもらえるぐらいのレベルの演技なんですよね。

だから、「成功の秘訣《ひけつ》」みたいなものは、うーん。

私はほんとは、〝広瀬すず的でないほうが成功する〟ように感じてなりませんね。もうちょっと努力しないと成功できないような感じを経験されながら、一作一作、乗り越《こ》えていかれてる方のほうが本物じゃないかなと思うし。

吉永小百合《よしながさゆり》さんみたいに、ずーっと「王道女優」で、十代から七十ぐらいまで行かれた女優さんもいらっしゃいますけれども、私はそういう「美人系」ではないので。あの方は、もう典型的な美人系、生まれつきの美人系で、そのまま、そういう使い方しかもうできない。王道ですよね。もう女王の、「王道型の女優」ですけれども。

私なんかは、そういう美人系ではなくて、「かわいい系」だから。かわいい系っていうのは、いつかは〝賞味期限《しょうみきげん》〟が切れるので。そのかわいい系の〝賞味期限〟が切れたときに、いったいどういうかたちで、あと生き延びていくかっていうところですよね。それを、残された時間のなかで、〝新しい武器〟を身につけるか、「あっ、こんな演技もできるんだ」っていうのを何か見せていかないといけないんじゃないかなと思うんです。

いや、けっこうほかの人たちも、私みたいに賞をもらったりは、そんなになってないのかもしれないけど、ちょっと上の方《かた》、二十代ぐらいの方は、演技のうまい方は多いですよ。とってもうまい。

だから、あんまり恵まれていない役柄《やくがら》をもらって、それで鍛《きた》えられて、だんだん主演なんかになっていく人のほうが、役者としてはたぶん本物。こちらが本物で。「最初は主演をやっていて、それからあと、だんだん年が上がって、かわいくなくなったから、ちょっと脇役《わきやく》に」って回ったら、どうせ十分納得《なっとく》しないし、なんかふてくされちゃうだろうから、けっこう怖い。〝腐《くさ》ったトマト〟みたいになっちゃう可能性は高いと思うので。

私みたいな、あんな認められ方っていうのは、とっても危険度が高い。だから、成功率は〝千分の一〟ぐらいしかない出方《でかた》だと思ってます。やっぱり、あとは失敗する可能性は高いので。

私じゃない（方《かた》を）、もうちょっと幾つかの役をこなしながら、だんだんだんだん評価が上がっていって、二十代ぐらいで主演を取って上がっていかれる方のほうを参考になされたほうが、絶対にいいと思います。

（大川紫央に）〝ぶりっ子〟してるの分かります？　厳しい方だから。

大川紫央　いえ、分かりません。

広瀬すず守護霊　先生なんでしょう？　やっぱり。

大川紫央　いえいえ（笑）。

広瀬すず守護霊　「〝ぶりっ子〟してるな」と思って、ずっと見られてるな、って。

大川紫央　いえ。私は、「広瀬さんはすごくかわいいなあ」と思って、いつも拝見させていただいているので。

広瀬すず守護霊　ほんとに？

大川紫央　はい。

広瀬すず守護霊　そうですか。

7 神木《かみき》隆之介《りゅうのすけ》さん、清水富美加《しみずふみか》さんのこと

周りの俳優・女優から受けている刺激《しげき》とは

大川紫央　ところで、広瀬さんの立場だからこそ見える景色もあるのかなと思うんです。一流の方々ともたくさん共演されていらっしゃいますよね。

広瀬すず守護霊　ああ。

大川紫央　私の個人的な感じとしては、「スクリーンに映《うつ》っている以外のところでも評判がよかったり、裏方の方たちからも評判がいい方というのは、ずっと長く俳優として生きていらっしゃるのかな」と、最近、考えているんです。

そこで、広瀬さんが、周りのもう少し年配《ねんぱい》の方々を見ていて、何か学ぶところとか、刺激《しげき》を受けているようなことがありましたら、その知恵《ちえ》を共有していただけると、とてもありがたいと思うのですが。

広瀬すず守護霊　まあ、女優じゃないですけど、例えば、神木隆之介《かみきりゅうのすけ》さんみたいな方を見たら、今、非常に人気があると思うんですけど、すっごく「礼儀《れいぎ》正しい」ですよね。

子役からやられてるから、ずいぶん芸歴が長いんですよね、あの方は。もう十何年もあって。子役からずーっとやってこられてるので、実はすごい芸達者なんですけども。

年上の方に対しては、すっごーく礼儀正しいし、折り目正しい。教えてもらうっていうことに対して謙虚《けんきょ》な感じで、「自分はそんなこと、もう分かってます」とか、「そんなものは、もう、とっくにできます」とかいうような感じはまったくなくて。

画面に映っているときよりも、映っていないときの神木さんのほうが素晴《すば》らしいと思うことのほうが多いですね。映像に映っていないときの神木さんのほうが、〝後光《ごこう》が射《さ》してる〟感じが、むしろするので。偉《えら》い人だなと思いますね。だから、ちょっとそんなのも勉強になって、「ああいうふうでなきゃいけないんだなあ」と。「ああいうふうにならないと周りは教えてくれないんだなあ」ということは、やっぱり勉強になるところは多いですねえ。

「自分自身の考えや主張、信念がある清水富美加《しみずふみか》さんは偉《えら》い」

広瀬すず守護霊　あとは、まあ、そうですねえ、せっかくここ（幸福の科学）へ来たから言いますけど、やっぱり、清水富美加《しみずふみか》さんみたいな方も、私は、本当に、すごく偉《えら》い方なんじゃないかと思います。
勇気がありますよ。「勇気」があって、「行動」があって、「信念」を持ってますよね。二十二歳《さい》ぐらいで、あれだけの信念があって、勇気ある行動を、バッシングにも耐《た》えながら決断されてやっていくところ。女優として人気急上昇《きゅうじょうしょう》中で、周りの方あたりから非難がたくさん出るのはご承知《しょうち》の上でね。

それでも、「礼儀正しさ」という意味では、私なんかよりはるかに上の方で、「現場での評判もすごくよい方だった」と伺《うかが》っていますので。私なんかは、もう、よっぽど天狗《てんぐ》だと思いますけども。

うーん、すごく礼儀正しくて、「どんな役でも引き

若手個性派女優の知られざる素顔に迫る。
『女優・清水富美加の可能性』(幸福の科学出版刊)

一連の騒動の真相は？　すべての疑問に、本人自身が答える。
『全部、言っちゃうね。』(千眼美子《せんげんよしこ》著、幸福の科学出版刊)

受ける」っていう強い気持ちでやっておられた方ですが、「さらに、もう一段、強い決意をお持ちだったのかなあ」というようなところを見て、やっぱり、人間として尊敬できますね。

女優っていうのは、気をつけないと、〝がらんどう〟なんですよ。がらんどうで、本当に中身は〝空《から》っぽ〟です。外だけを見せて、中身は全部人にもらって、「そのとおりやってるだけ」っていう。中身は、脚本家《きゃくほんか》とか原作者が書いたり、監督《かんとく》さんに指導されたりしてやって、「外だけ、そういうふうに見えればいい」っていうことですよね。

例えば、社長の席に座《すわ》れば社長に見えるし、校長の席に座れば校長に見える。ラーメン屋のおやじの役をすればラーメン屋のおやじに見える。それが役者の世界ですから、つくられたもので本物ではありません。イミテーションはイミテーションなんですけどね。

だから、そういうなかで、「中身がある」っていうか、「自分自身の考えとか、主張とか信念とかがある」っていう方は偉いと思うんですよね。

☆もっと「宗教的なもの」を勉強して「人生学」を深めたい

広瀬すず守護霊　私は、まだそういうものがないので、あと何年かかけて、もうちょっと自分なりに価値観のようなものを身につけて、勉強したいと思っています。

まあ、今回（本霊言《れいげん》のこと）も、本当は、喜んで出させていただいたんです。やっぱり、日本アカデミー賞も結構だけども、映画としては、幸福の科学さんがつくられるような宗教映画っていうのは、「一定の厳しさ」があるんじゃないかなあと思うんですよね。だから、そういう宗教映画なんかで演じる場合は、〝人間性の深いところ〟まで表現できなければ、たぶん、認められないいんじゃないかと思うんですよ。

そういう意味で、世間一般《せけんいっぱん》の人気とか投票とかで、「人気がある」とか「認められる」とかいうのもあるけれども、やっぱり、「もっともっと深い智慧《ちえ》がある方とか、人生経験のある方から見て、味わいのある深い演技ができる」っていうことは、すごいことだなあと思っています。

今、ちょっと、清水富美加さんの心配はしてるんですけども、きっと、うまく乗り越《こ》えて、幸福の科学さん系の映画で、おそらく主演級で復活されると、私は信じています。どんな宗教性のにじみ出た、人間観察の深い演技ができるか、本当に楽しみにしているので、ぜひとも復活していただいて、手本を見せていただきたいなあと思います。

と同時に、私も断る勇気のない人間なので、今後、いろいろ……、（手元の資料を見ながら）まあ、今年（二〇一七年）も見たら、何かねえ、「打ち上げ花火、下から見るか? 横から見るか?」(八月公開予定のアニメ映画)主演(声優)決定とか、「先生!」(十月公開予定の映画)主演決定とか、まあ、まあ、まあ……(笑)。いやあ、コメントしてはいけませんけど、だいたい、「たぶんできるだろうな」と思うようなのを、たくさん入れられてる(笑)。

「人気があるうちに、売れるだけ売ってしまおう」っていうのは、いちおう大人の考えではあろうから、それは頑張《がんば》ってやりますけど、やっぱり、どこかで自分の中身をもうちょっとつくらないと、女優としてはやれなくなる時期が来るだろうと思うんです。

そういう忙《いそが》しくなっていくなかで、自分の時間をつくって、中身をつくっていきたいので、「宗教的なもの」なんかも、もっともっと勉強したいなあと本当に思ってますし、「人生学」みたいなのも、もっと深めたいなあと思ってます。

だから、そういうもので深い演技ができる人は、「やっぱり、いいな」と思います。「ストーリーだけで面白《おもしろ》いものに入ったから、面白かった」っていうんじゃなくて、深い感情や人生観を漂《ただよ》わせて、多くの人々に、「ああ、ためになったな」とか、「癒《い》やされたな」とか、「共感できたな」とか言われるような、そんな女優になりたいんですね。

今のところ、「かるた取りの競技で頂上を目指す」とか、「〝チアダン〟で頂上を目指す」とか、そういう感じの「少女マンガ風のキャラクター」の延長上でやってますけど、それから先の人生はそんなもんじゃないと思うんです。〝魔《ま》の二十代〟を乗り越せるかどうかはまだ分からないので、みなさまがたから厳しいご指導を、もっともっと受けたいなと思っております。

8 「いろいろ勉強しないといけないことが山のように」

幸福の科学の映画の主演は「無理」？

磯野　今のお話は、十代での成功をもとに〝二十代の新しい広瀬すず〟をつくっていこうとされているという内容だと理解したのですが、先ほどのお話にもありましたように、幸福の科学では、現在、さまざまな映画を製作し、「映画を通して仏法真理《ぶっぽうしんり》を伝える」という仕事をしています。

そうした宗教がつくる映画を、広瀬すずさんの守護霊様は、どのようにご覧になりますでしょうか。

広瀬すず守護霊　いや、人生経験が浅いので、コメントするような立場にはないとは思いますけれども。

まあ、私は、日本アカデミー賞の（優秀《ゆうしゅう》）主演女優賞を今年（二〇一七年）三月に頂きましたが、幸福の科学の映画で主演は張れません。無理だと思います。それは、もうはっきり分かります。

それはねえ、観《み》る人が「大人」だからですよ。たぶん、人生経験が何倍もある方々が観る映画だろうから、私は主演は張れない。そのくらいは分かるんですよ。アカデミー賞を取っても、幸福の科学の映画では主演は張れない。

それだけ、やっぱり重い。「重い」っていうか、「深い」し「難しい」し、製作総指揮者（大川隆法）とかの哲学《てつがく》がすごく重いものだろうと思うんですね。宗教の重みもあるし、思想の範囲《はんい》が、私なんか理解できない世界まで及《およ》んでいますから、それを体現できる女優とかで、主演ないしヒロインをやれるかっていったら、ちょっと、やれるとは思えないんです。

まあ、もし、幸福の科学さんのほうから、「広瀬すずを使えないか」って言われても、「無理です」ということですね。「娘役《むすめ》」みたいなの以外は、実際上、無理ですよ（笑）。映画の〝重み〟が違《ちが》いますよね。

だから、私は、本当に、千眼美子《せんげんよしこ》さんの復活をお待ち申し上げておりますけども、主演なりヒロインなりを、演じ切られるところを見てみたい。今までの路線から、宗教映画に出たらどうなるのか。その〝深さ〟を演じられるのかどうか。ぜひとも、手本を見せていただきたいなと思っているところです。

私はできません。私は無理です。私は、今のレベルでは、幸福の科学の映画の主演とかヒロインは、絶対、無理です。

それはね、中身が違います。私は中身が空《から》っぽですから。これ、もっともっと猛《もう》特訓が……。そんな三カ月ぐらいの練習で、かるたやサッカーやチアダンの練習をしたぐらいでやれるようなものでは絶対にないと思う。きっと、もっと深いものがあると思うし、本当は、何十年も人生経験がある人を納得《なっとく》させるだけの演技をしなければいけないから。

まあ、幸福の科学では、私は主演は無理ですね。絶対、無理。「子役」ぐらいだったら、できるかもしれないけど(笑)。

まあ、すごく「格が高い」んじゃないですか。それは、「動員数」とか「収益」だけで見ちゃいけないんじゃないですか。やっぱり、バックにあるものの深さや高さが、全然、違うんじゃないですか。「殺人事件なんかで評判になる」とか、そんなのと、全然、まったく違うんじゃないですか。それは違うと思います。まったく違う。

「本物の女優」になるために必要な勉強とは

磯野　私は、今の広瀬さんのお答えを聞いていて、すごく非凡《ひぼん》だなと感じるところがありました。

広瀬すず守護霊　そうですかあ。

磯野　例えば、宗教に理解のない女優さんであれば、「宗教映画の本当の価値」「その思想性の重みや精神性の高さ、内容の広さ、深さにどれだけのものがあるか」ということに対して、まったく関心も持っていなければ、分かろうともしていないと思うのです。

それを、広瀬さんは、まだ十代でありながら、「まだまだ今の自分の実力では、そうした幸福の科学の描《えが》く世界を表現はできない」とお答えになるというのは、非常に優《すぐ》れたものをお持ちだなと感じました。

広瀬すず守護霊　「海街《うみまち》diary《ダイアリー》」っていうのは、鎌倉《かまくら》を舞台《ぶたい》にした映画で、葬式《そうしき》も法事《ほうじ》もお墓参《はかまい》りも場面として出てきますけれども、誰《だれ》一人、その意味を説明してくれた人はいませんでしたから。

やっぱり、それは、「人が死ぬというのは、人生にとって、どういう意味があるのか。親が死ぬというのは、どういうことなのか」、あるいは、「人間関係で、離婚《りこん》をし、再婚して腹違いの子供ができる人生というのは、どういうふうに判断したらいいのか」っていうことですねえ。あるいは、「何回忌《き》とかの法事というのは、いったいどんな意味があるのか。お墓参りに、いったいどんな意味があるのか」っていうことでしょう。

でも、台本はあっても、その意味は書いてないし、そこまでは、監督《かんとく》さんや共演の方々、マネージャー、その他の方々も誰も教えてくれない。式次第《しきしだい》というか、「型《かた》としてはこうだ」ということは教えてくださいますけども、それ以外は誰も教えてくれない。

　だから、「知りたい」と思えば、自分で勉強する以外は方法がないし、やっぱり、その深いところを知らないと、葬式だろうが法事だろうがお墓参りだろうが、演《や》っても、本物の演技にはならないんじゃないかなと思うんですね。

　私は、「人の死とは何か」とか、「別れとは何か」とか、そういう「悲しみや、喜びの奥《おく》にあるもの」をもっともっと勉強しないと、本物の女優になれないんじゃないかなあと思うし、最終的には、何か、「人生そのもの」を演じなきゃいけないいんだろうなと思うんです。

　そのためには、日本文学や世界文学もたくさん勉強しなきゃいけないし、もっと大人の世界についても勉強しなきゃいけないと思うので。

　まあ、今、本当に、「大人と子供の境界線」という、どっちつかずのところを走ってるなあと思うし、「かわいい」っていうだけで仕事をしているようにしか自分には思えないので、卑下《ひげ》してるつもりはないんだけど、まだ、こんなものでは喜んじゃいけないとは思ってます。

広瀬すずの守護霊の「現状分析《ぶんせき》」と「今、心掛《こころが》けていること」

大川紫央　広瀬さんの守護霊様がおっしゃるとおり、当会の映画は、宗教映画ということで、天上界《てんじょうかい》から頂いた原案がもとになっています。

広瀬すず守護霊　でしょ？

大川紫央　ですから、映画の作品自体の重みは、やはりあるんですけれども、別途《べっと》、それを演じる役柄《やくがら》になると、まだまだ、みんな、

大川隆法製作総指揮・原案による映画「君のまなざし」(2017年5月20日公開予定／ニュースター・プロダクション)

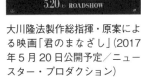

演技力ですとか、そういったものは磨《みが》いていかなければならないポジションにあるのかなと思うんです。

そこで、広瀬さんが、演技力を磨く上で何か心掛《こころが》けていらっしゃること等があれば、お教えいただけますでしょうか。

広瀬すず守護霊　まあ、〝平凡な少女〟なんです。平凡だけど、みんなに期待されていることは、意外に、「負けん気が強くて競争心の強い女性を演じてほしい」っていうことなんですよ（笑）。本当は、自分はそうではない。自己認識はそうではないんだけど、何かチャレンジングで、上を目指すっていうか、「みんなの代わりに競争をして、勝っていくような女性みたいなのを演じてほしい」っていう要望が、基本的には強く感じられるんですよね。

自分自身は、人見知りするし、けっこう内向的だし、大きな声を出すのも苦《にが》手《て》だし、「リーダー役でみんなを引っ張っていく」みたいなのは、重くて、本当はとてもできないけれども、「役者として、それをやらなきゃいけない」と思ってやってるうちに、そういうのがはまり役に見えてきてるのかなあとは思うんです。

でも、これも周りの力のおかげで、本当に自分の実力でそういうふうに演じられたら、それで最高なんですけど、たぶんそうではない。だから、私を認めてくださってる人のなかに、何ですかねえ、「お餅《もち》のなかにあんこが入っているんだけど、まだ、その〝あんこ〟にまで届いてなくて、お餅の外の〝表面のところ〟だけで認めてくださっている」という感じがあるようには見えます。

例えば、伊豆《いず》あたりの、湯気《ゆげ》が立ってる温泉まんじゅうを外から見て、「あ、おいしそう」って言ってるけど、「実際に食べてみないと分かりませんよ」っていうところですかね。まだ、温泉まんじゅうの湯気を見て、「おいしそう」

って言ってるような感じに見えるので、本当に、私の演技に感動してるわけではないんじゃないかなあと思います。中身がねえ、まったくできてないんですよ。

やっぱり、「宗教的なもの」もそうだし、それ以外の「哲学」や「人生」、「文学」など、いろいろと勉強しなきゃいけないことは山のようにあるんです。だけど、学校の勉強さえろくにできていない状況《じょうきょう》で、さらにそちらのほうもやらなきゃいけないっていうか、基礎《きそ》学力が低い上に、もっと難しいものをやらなきゃいけないということになると、これは大変ですよ。

それから、「洋画もの」だって勉強しなきゃいけないと思うけども、もう無限にあるし、いやあ、「先は、どこまでついていけるかなあ」っていう感じは、本当にすごくしますねえ。

だから、「もうこれ以上、持ち上げられちゃいけないぞ」と、今、本当に、錨《いかり》を……、怒《いか》るほうじゃなくて、船の錨を底につけておかないと、漂流《ひょうりゅう》しちゃう可能性が強いので。うーん、「嵐《あらし》に持ち堪《こた》えられないかなあ」っていうような気がしますね。

9　広瀬すずのスピリチュアルな秘密

霊界《れいかい》では「天照大神《あまてらすおおみかみ》やアフロディーテを拝《おが》めるところ」にいる

磯野　お時間も少なくなってまいりましたので、最後の質問に入っていきたいのですけれども。

広瀬すず守護霊　ああ、ああ、はい。

磯野　今回、広瀬さんの守護霊様のほうから、「守護霊霊言《れいげん》を録《と》ってもいいですよ」ということで……。

広瀬すず守護霊　「録ってもいいですよ」じゃなくて、「私なんかでも出番がありますか」とお訊《き》きしただけです。

磯野　ええ。ご自身のほうから来ていただいているということは、当会に対しても関心を持ってくださっているということだと思うのです。

おそらく、「守護霊」という言葉もご存じだとは思うんですけれども……。

広瀬すず守護霊　ああ、はい、はい。

磯野　本日お越《こ》しいただいた広瀬すずさんの守護霊様は、どういった方なのでしょうか。

広瀬すず守護霊　（約五秒間の沈黙《ちんもく》）これは言い方を気をつけなきゃいけない。非常に難しい質問ですよね。

うーん……、うーん……（約五秒間の沈黙）。非常に難しい。答え方が難しい。答えられないわけではないけど、答え方は難しい。

うーん……。まあ、年上の方は（その過去世《かこぜ》を）言いましたけども、二十代で言うと、できれば、そうですねえ、「武井咲《たけいえみ》さんが目指しておられるようなところは追いかけていきたいなあ」と思うような……、まあ、そういうような気持ちはないわけではないんです。だから、「芸能界で活躍《かつやく》しつつも、何か霊的にも、日本や世界に影響《えいきょう》を与《あた》えられるような人間になれたらいいなあ」という気持ちは持っています。

まあ、「世界の恋人《こいびと》」にはなれないかもしれないけども、でも、大きく言わせていただいたら、二十代いっぱいぐらいが、「世界の恋人」になれるかどうかのチャレンジだなあとは思っております。

やっぱり、多くの人に「夢」や「希望」を与えられるような女優になれたらいいなあとは思ってるんですけどね。今、〝アドバルーン〟で上がってますけど、どこまで、上昇気流《じょうしょう》で上がって、偏西風《へんせいふう》に乗って飛んでいけるかは分からないんですけど。まあ、「女優」をちょっと〝はみ出した〟ところまで行けるような自分でありたいなあと思ってるし。

昔には今のような仕事はないんだけれども、うーん……、「多少、多くの人に影響を与えるような立場に立ったことはあったかもしれない」ということは言えます。

磯野　それは、いつぐらいの時代で、どういったお立場でいらっしゃったのでしょうか。

広瀬すず守護霊　アハッ（苦笑）。うーん……、厳しいなあ。厳しいなあ。学校で勉強してないから、あんまり日本史も世界史もよく知らないので。自分が何者か、私、よく分からないんですよ。

磯野　日本か海外かはお分かりになりますか。

広瀬すず守護霊　まあ、日本も海外も、それはあるでしょうけれどもね。ただ、歴史の勉強をあんまりしていないために、ボーッとして、よく分からないんですよねえ、自分が。

磯野　霊界《れいかい》では、どういった方とお友達でいらっしゃいますか。

広瀬すず守護霊 かなり〝ストレートな球《たま》〟でいらっしゃいましたねえ。うーん……。最近、いろんな方がいろんなことをおっしゃってるみたいですね。
まあ、霊界ではねえ、霊界では……。日本の霊界？

磯野 ええ。では、日本の霊界では？

広瀬すず守護霊 日本の霊界だと、「天照大神様《あまてらすおおみかみ》」とかは、拝《おが》めるところに、今、います。

磯野 ああ。ほかには誰《だれ》かいらっしゃいますか。

広瀬すず守護霊　外国の霊界だったら、それは、「アフロディーテ様」とか「クレオパトラ様」とか「楊貴妃《ようきひ》様」とかを、拝めるようなところにはいます。

倉岡　「拝める」というのは、「近くにいらっしゃる」ということですか。

広瀬すず守護霊　そうですね。見ることはできる。

倉岡　なるほど。

広瀬すず守護霊　まあ、「女神界《めがみかい》」ということですかね。

倉岡　はい。

「もう少し多くの人に親しまれる〝タンポポ〟でありたい」

大川紫央 先日お越しいただいたときも、武井咲さんの名前をおっしゃっていたんですけれども……。

広瀬すず守護霊 ハアッ……。（苦笑）すみません、口が滑《すべ》ったので、言わないで。バラさないで（会場笑）。バラさないでください。

大川紫央 当会の霊査《れいさ》によると、武井咲さんの過去世はオードリー・ヘップバーン様と出ているんですけれども（『時間よ、止まれ。──女優・武井咲とその時代──』〔幸福の科学出版刊〕参照）。

スピリチュアルな視点から武井咲の魅力に迫る。
『時間よ、止まれ。』
（幸福の科学出版刊）

広瀬すず守護霊　ああ、そうですか。いいですね。

大川紫央　「武井咲さんを目指す」ということは、やはり、〝近い立場〟にはあられるのかなと思ったのですが。

広瀬すず守護霊　うーん。まあ、あの方にはあの方の、うーん、「大輪《たいりん》のバラ」みたいなすごさがあるので。ああいうふうにはならないかなあとは思うんです。「大きなバラ」、「真《ま》っ赤《か》な大きなバラ」のような感じ？　大輪の花がパーンッと咲《さ》いてる感じで、中心になりやすいタイプの方で、まあ、それなりに、すごい道を歩いてるなあと思っていますが、私はちょっと違《ちが》う。バラじゃないと思う。バラの花ではない。私は、たぶんバラの花ではない。

オードリー・ヘップバーン（1929～1993）　イギリスの女優。映画「ローマの休日」でアカデミー主演女優賞を受賞。その後、「ティファニーで朝食を」「マイ・フェア・レディ」等、出演作品が大人気を博す。後半生は福祉活動に努め、ユニセフ親善大使として途上国への援助を続けた。「20 世紀最高の美女」アンケートで第 1 位に輝いた。

私は、どっちかといえば、「タンポポみたいな花」だと思います。タンポポではあるけれども、「もうちょっと多くの人に親しまれるタンポポでありたいなあ」というふうな感じは持っています。

今日は逃《に》げれたかな？（笑）これで許してもらえますか。駄目《だめ》？

大川紫央　そうですね（苦笑）。

広瀬すず守護霊　この前は、少し〝隙《すき》〟を突《つ》かれたので……。

大川紫央　あのときは、私しか聞く者がいませんでしたので、「公開の霊言でお訊きしたほうがいいですね」というお話になったんですけれども。

広瀬すず守護霊　失言です。失言です。すみません。

☆過去世《かこぜ》でも大勢の人に愛された存在だった

大川紫央　直前世《ちょくぜんせ》では、どのようなお仕事をされていたのでしょうか。

広瀬すず守護霊　あれー。厳しいなあ。どうしようかなあ。厳しいー。厳しいー。

でも、日本史をほとんど覚えてないんです。何にも覚えてないんですよね。

大川紫央　日本でなくても大丈夫《だいじょうぶ》ですけれども。

広瀬すず守護霊　世界史もねえ、特に女性が出てくることは、ほんとに少ないので。

大川紫央　おそらく、霊言できるチャンスは、今後、そんなにないと思うので……。

広瀬すず守護霊　ええ！　ない!?

磯野　最初で最後かもしれません。

広瀬すず守護霊　最初で最後？　でも……。

大川紫央　広瀬すずさんの「人気の秘密」や、「培《つちか》ってこられた魂《たましい》の経験」、

「どのように花開かせていかれるのか」というところに興味があるんですけれども。

広瀬すず守護霊　まあ、知識がないっていうことは残念ですねえ。「自分が何者かが分からない」っていうことは、非常に残念だなあと思っておりますけれども。

うーん。まあ、日本で言えば、「何とかの姫《ひめ》」という名前が付くぐらいの存在ではあったかもしれません。外国でも、多少、そうした目立つ立場にいたことはあったかもしれませんねえ。

でも、たかが十八歳《さい》ですから、それ以上の者ではあってはいけないと。私はまだ、人を使ったり、大勢の人に何かを命じたりするような、そんな立派な存在ではありませんので。何らかの意味で、大勢の人に愛されたことのある存在ではあったのかなあとは思っていますが。

大川紫央　グレース・ケリーとか、そういった方ではない？

広瀬すず守護霊　うーん、もうちょっと〝古い人〟でしょうね。

大川紫央　「もう少し古い時代」の方ということですか。

広瀬すず守護霊　うん。もうちょっと古い方でしょうね。ええ。いやあ、ここは、そこが怖《こわ》いから。私ね、何にもないから。今、宗教的なあれを言う立場に、まったく何もないんですよ。それを言う足場が何にもないので。（幸福の科学の）なかで修行《しゅぎょう》をしておられるみなさんのほうが、ずっと偉《えら》

●グレース・ケリー（1929～1982）　アメリカの女優。1951年に映画デビューし、それを観たスタンリー・クレイマー監督が「真昼の決闘」のヒロインに抜擢《ばってき》。以降、ヒッチコック監督作品などに出演した。1955年、「喝采《かっさい》」でアカデミー主演女優賞を受賞。気品に満ちた美しさで「クール・ビューティー」と称賛された。1956年、モナコ大公レーニエ3世と結婚し、女優を引退。

い方であることは間違いないので。

ただ、もうちょっと……、まあ、もう二度と（霊言の）機会はないのかもしれないけれども、もしかしたら、十年以内ぐらいには、またもう一回ぐらいあるかもしれませんから。そのとき、女優としてまだ生き残ってるようだったら、自分の実績を見て、「このくらいは言ってもいいかな」ということがあれば、少し言ってみたいなあ、と。

今は、いちおう武井咲さんを目指していて、「できたら、二十代で追い越したい」っていう、静かな野心だけは持っているけど、実績が届かないかもしれないなあとは思っています。まあ、「直近《ちょっきん》の目標としては、そのあたりを、いちおうは超《こ》えていきたい」と思ってはいますが、霊的にも、そういうあたりにいるかなというところです。

（合掌《がっしょう》しながら）天照大神様を拝めるということは、日本では素晴《すば》らしいことなんでしょう？　たぶん。

「いつの時代も存じ上げております」

磯野　では、「エル・カンターレ」という名前をお聞きになったことはございますか。

広瀬すず守護霊　踏《ふ》み絵ですか、これ（笑）。

磯野　いや、踏み絵ではないです（苦笑）。ひょっとしてご存じかなと思いまして。

広瀬すず守護霊　（手を二回叩《たた》く）ハアア……。あんまり言うと、「広瀬すず、出家《しゅっけ》か」といって、またいろいろなところが騒《さわ》ぎ始めるから、もう、それ以上しゃべるのはまずいかなあとは思いますので、あれですけども。

まあ、エル・カンターレっていうのは、よくは存じ上げないんですけれども、大川隆法先生だったら、よく存じ上げております。

磯野　それは、「過去世《かこぜ》で」という意味ですか。

広瀬すず守護霊　いやあ……。どうでしょうかね。大川隆法先生は存じ上げています。

磯野　どの時代の総裁をご存じでいらっしゃいますか。

広瀬すず守護霊　いつの時代も存じ上げております。

磯野　仏陀《ぶっだ》やヘルメス様など、総裁の魂のご兄弟もいらっしゃるので、「それぞれの時代に生まれていた」ということですか。

広瀬すず守護霊　みな、そのパターンが多いようですけれども、そういうことはあえて申し上げません。

まあ、霊界にいるときには存じ上げております。今世《こんぜ》では、大川隆法総裁としては存じ上げております。（合掌しながら）はるかに遠い存在と思って、手を合わせてる状態でありますので。

みなさまのほうが、〝本家〟のお弟子《でし》さんでいらっしゃいますから、それにははるかに及《およ》ばないところですけれども、遠くから、私も拝みたいなあと思ってはいます。

☆深いところでは宗教的なものに惹《ひ》かれている

磯野　それでは、最後に、この霊言をご覧になっているファンのみなさまに、一言《ひとこと》、メッセージを頂ければと思います。

広瀬すず守護霊　これで出ると、急にまた、何か、「広瀬すずも、仕事がきつすぎるんじゃないか」とかいうことで、心配される方もいらっしゃるかと思っていますけど。まあ、ある意味では、「そのくらいの〝フェイント〟はあってもいいのかな」とは思ってはいて（笑）。「私だって、いつかは蒸発《じょうはつ》するかもしれませんよ」ぐらいの気持ちであってもいいのかなあと、ちょっと思ってはいるんですけどね。

宗教的なものには、〝深いところ〟では惹《ひ》かれています。ただ、〝表〟は、まだ普通《ふつう》の女の子ですので、この世的に「かわいいもの」とか、「きれいなもの」とか、「おいしいもの」とか、そういうものに惹かれる自分がいます。

でも、〝深いところ〟では、惹かれているものはありますので。

まあ、いずれかのときに、何らかのチャンスがあれば、ね？　「新しい時代に、新しい〝革袋《かわぶくろ》〟が必要なときに、私が出られるような、そういうチャンスがあればいいなあ」という気持ちは持っています。

磯野　はい。ありがとうございます。

本日は、本当にありがとうございました。

広瀬すず守護霊　はい。

10　「距離感《きょり》を読む」のがうまかった広瀬すずの守護霊

☆当会との〝つながり〟を感じた今回の霊言《れいげん》

大川隆法　（手を二回叩《たた》く）今日は無難《ぶなん》にまとめられたようですね。この前は少し本音が出ていたのですが、今日は比較《ひかく》的無難にまとめられました。どうでしたでしょうか。

逃《に》げるべきところは、ちゃんとお逃げになったようですが、うーん、ちょっと〝予習〟していたのかな。この感じは、少し〝予習〟していた可能性はありますね。ほかの人のやった部分を少し〝予習なさって〟いた感じでしょうか。

ただ、やはり、「距離感《きょり》を読む」のはうまいのではないかと思います。そういう感じですね。「海街《うみまち》diary《ダイアリー》」のいちばん下の妹のように、距離を取ってかわいがられる感じは、うまいように見えました。

おそらく、女優として自信が出てくるのは二十代……、二十五歳《さい》ぐらいでしょうか。二十五歳ぐらいになったら、自分でも、「だいたい確立した」と思えるぐらいにはなってくるかもしれませんね。そのあたりになると、もう少し本領を発揮したことを言うかもしれませんが、今日は、かなりいろいろな方面に遠慮《えんりょ》しながら話をされました。

ともかく、守護霊が出てきてくださったということは、「当会に関心を持っている」ということであろうと思います。

ただ、私としては、関心は持っていても、「（霊言《れいげん》を収録するのは）まだちょっと、どうかなあ」と思うところはありました。ほかにも若い女優はたくさんいますが、「（霊言集を）出すと、かえって負担になるかな」とか、「興味・関心を持たれて大変だし、重荷《おもに》かもしれない」とか思ったりしたのです。やはり、女優としての試練になる場合があるので、用心して、避《さ》けてはいたんですね。

しかし、広瀬すずさんは当会の信者でもないのに、守護霊がこうして出てきてくださるということは、〝裏〟ではつながっているものが何かあるのではないでしょうか。もしかしたら、もう少し時代が進み、何年かすると、はっきりしてくるものがあるのかもしれません。

広瀬すずの持つ「人間として生きていく賢《かし》さ」とは

大川隆法　また、幸福の科学の映画についても、日本アカデミー賞などの対象にはならない映画が多いかもしれませんが、「〝それに出られる〟ということは、すごいことです」というように言ってくださいました。このあたりが、彼女の「人間として生きていく賢《かし》さ」なのかなと思います。当会の女優、スター、タレントを目指している方々も、こういうところを少し見習ったほうがいいでしょう。

例えば、日本アカデミー賞（優秀主演女優賞《ゆうしゅうしゅえんじょゆうしょう》）を十八歳でもらって、ここで、「私こそが、日本一の女優です」などと宣言したら、あっという間に〝敵〟がたくさん現れて、囲まれて、欠点を探されることになるはずです。しかし、「実るほど頭《こうべ》を垂れる稲穂《いなほ》かな」というところをお持ちではありました。

あるいは、それも演技かもしれませんが、守護霊のレベルでそれができるのは大したものだと思います。

普通《ふつう》の人の場合、守護霊になるとまったく無防備《むぼうび》であり、言いたい放題に言うので、守護霊を飼いならすというか、「守護霊が、本人に恥《はじ》をかかさないように演じる」というのは、そう簡単ではありません。「守護霊が、地上の本人によかれと思って、『われこそは！』と一生懸命《いっしょうけんめい》〝ＰＲ〟し、その結果、本人の値打ちを下げる」というのが、パターンとしては多いのです。当会のなかであってもそうなのに、広瀬すずさんの守護霊は、よくわきまえながらやっているので、「人間関係の距離感を読む」のはうまいのだろうと思います。

また、言っているなかで、言外《げんがい》のところを見るかぎりは、おそらく、女神《めがみ》としての何らかの使命をお持ちの方なのではないかと思いますが、「それを言うには、自立、独立ができていなければいけない」と自戒《じかい》しておられるのでしょう。

そういう意味で、今日は、少し関心を持って、ご紹介《しょうかい》申し上げたということで、すずさんのほうに、これ以上の無用な詮索《せんさく》がいろいろと行かないレベルで止《と》めておいたほうがよいのかなと思います。

では、以上としましょう。ありがとうございました（手を一回叩く）。

質問者一同　ありがとうございました。

あとがき

広瀬すずさんの演技は、確かに「ちはやふる」を観て「かわいい」と感じたし、その魅力は、今上映中の「チア☆ダン」でも決して落ちてはいない。

若くして、自分の中身をつくらなければ、今後の未来はないことに気づいておられる点は、非凡《ひぼん》だと思う。なんとか、嫉妬の銃弾《じゅうだん》の雨をかいくぐって、大女優へと成長していってもらいたいものだ。

彼女の守護霊を「女神界《めがみかい》」の女神の一人であると推定した本書が、彼女自身の女優業の「お守り」になりますように。

また私の様々な本が、「人間学のテキスト」として、「芸《げい》の肥《こや》し」になりますように。

最後に、本書が、若手の女優・俳優の卵たちに良き参考書となることを祈るとともに、ご登場頂いた、広瀬すずさんとその守護霊にも感謝申し上げる。

二〇一七年　四月五日

幸福《こうふく》の科学《かがく》グループ創始者兼総裁《そうししゃけんそうさい》

ニュースター・プロダクション（株）会長《かいちょう》　大川隆法《おおかわりゅうほう》

『広瀬すずの守護霊☆霊言』大川隆法著作関連書籍

『時間よ、止まれ。――女優・武井咲とその時代――』（幸福の科学出版刊）
『景気をよくする人気女優 綾瀬はるかの成功術』（同右）
『上野樹里 守護霊インタビュー「宝の山の幸福の科学」』（同右）
『守護霊メッセージ 能年玲奈の告白「独立」「改名」「レプロ」「清水富美加」』（同右）
『女優・宮沢りえの守護霊メッセージ 神秘・美・演技の世界を語る』（同右）
『女優・清水富美加の可能性』（同右）
『全部、言っちゃうね。』（千眼美子 著 同右）

広瀬《ひろせ》すずの守護霊《しゅごれい》☆霊言《れいげん》

2017年4月19日　初版第1刷

著　者　　大《おお》　川《かわ》　隆《りゅう》　法《ほう》

発行所　　幸福の科学出版株式会社

〒107-0052 東京都港区赤坂2丁目10番14号
TEL(03)5573-7700
http://www.irhpress.co.jp/

印刷・製本　株式会社 研文社

落丁・乱丁本はおとりかえいたします

ISBN978-4-86395-893-7 C0095
写真：dpa/時事通信フォト／アフロ／スポーツニッポン/新聞社時事通信フォト

大川隆法霊言シリーズ・美と人気の秘密を探る

時間よ、止まれ。
女優・武井咲とその時代

国民的美少女から超人気女優に急成長する、武井咲を徹底分析。多くの人に愛される秘訣と女優としての可能性を探る。前世はあの世界的大女優！?

1,400円

景気をよくする人気女優 綾瀬はるかの成功術

自然体で愛される——。綾瀬はるかの「天然」の奥にあるものを、スピリチュアル・インタビュー。芸能界には「宇宙のパワー」が流れている?

1,400円

上野樹里 守護霊インタビュー「宝の山の幸福の科学」

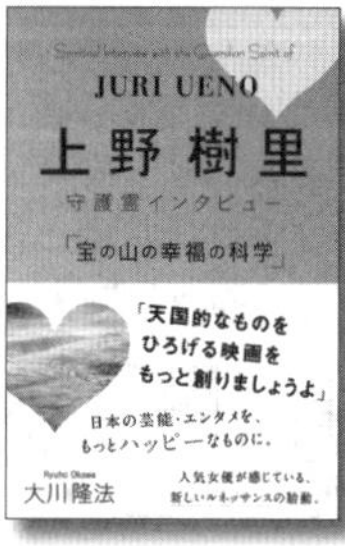

もっと天国的な映画を！ 女優・上野樹里が大切にしている「神秘力」や「愛の思い」、そして「新しいルネッサンス」の胎動について守護霊が語る。

1,400円

守護霊インタビュー ナタリー・ポートマン & キーラ・ナイトレイ —世界を魅了する「美」の秘密—

英語霊言 日本語訳付き

世界を魅了する二人のハリウッド女優が、もっとも大切にしている信念、そして使命感とは？ 彼女たちの「美しさ」と「輝き」の秘密に迫る。

1,400円

※表示価格は本体価格（税別）です。

大川隆法霊言シリーズ・プロフェッショナルに学ぶ演技論

守護霊メッセージ 女優・芦川よしみ 演技する心

芸能界で40年以上活躍しつづけるベテラン女優の「プロフェッショナル演技論」。表現者としての「心の練り方」「技術の磨き方」を特別講義。

1,400円

女神の条件 女優・小川知子の守護霊が語る成功の秘密

芸能界で輝き続ける女優のプロフェッショナル論。メンタル、フィジカル、そしてスピリチュアルな面から、感動を与える「一流の条件」が明らかに。

1,400円

南原宏治の「演技論」講義

天使も悪役も演じられなければ、本物になれない――。昭和を代表する名優・南原宏治氏が、「観る人の心を揺さぶる演技」の極意を伝授！

1,400円

俳優・香川照之のプロの演技論 スピリチュアル・インタビュー

多彩な役を演じ分ける実力派俳優に「演技の本質」を訊く。「香川ワールド」と歌舞伎の意外な関係など、誰もが知りたい「プロの流儀」に迫る。

1,400円

芸能界の問題点に迫る

女優・清水富美加の可能性
守護霊インタビュー

大川隆法 著

いま「共演したい女優No.1」と言われ、人気急上昇中の清水富美加——。その"愛されキャラ"の奥にある、知られざる素顔と魂の秘密に迫る。

1,400円

守護霊メッセージ
能年玲奈の告白
「独立」「改名」「レプロ」「清水富美加」

大川隆法 著

なぜ、朝ドラの国民的ヒロインは表舞台から姿を消したのか？ なぜ本名さえ使うことができないのか？ 能年玲奈の独立騒動の真相を守護霊が告白。

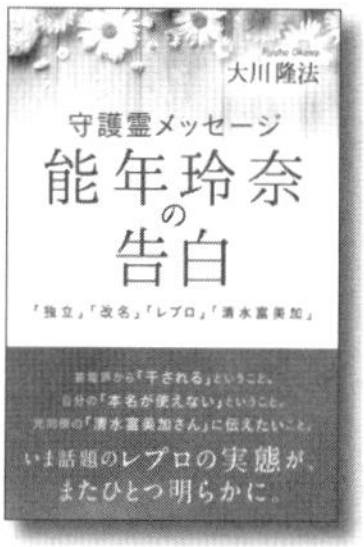

1,400円

全部、言っちゃうね。
本名・清水富美加、今日、出家しまする。

千眼美子 著

芸能界のこと、宗教のこと、今までのこと、これからのこと——。今回の出家騒動について、本人にしか語れない本当の気持ちが明かされる。

1,200円

芸能界の「闇」に迫る
レプロ・本間憲社長
守護霊インタビュー

幸福の科学広報局 編

女優・清水富美加の元所属事務所・レプロの不都合な真実とは？「時代錯誤の労働環境」や「従属システム」の驚くべき実態が白日のもとに。

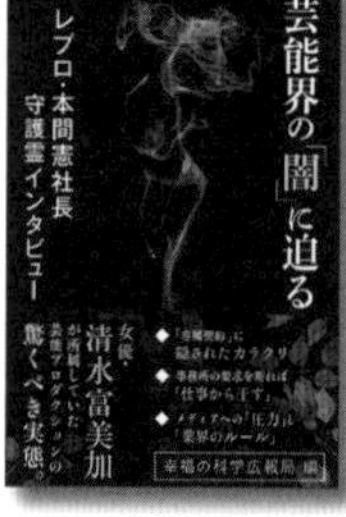

1,400円

※表示価格は本体価格（税別）です。

最新刊

女優・宮沢りえの守護霊メッセージ 神秘・美・演技の世界を語る

大川隆法 著

神秘的な美をたたえる女優・宮沢りえ——。その「オーラの秘密」から「仕事論」まで、一流であり続けるための人生訓がちりばめられた一冊。

1,400 円

公開霊言 アドラーが本当に言いたかったこと。

大川隆法 著

「『嫌われる勇気』は、私の真意ではない」。アドラー教授"本人"が苦言。「劣等感の克服」や「共同体感覚」などアドラー心理学の核心が明らかに。

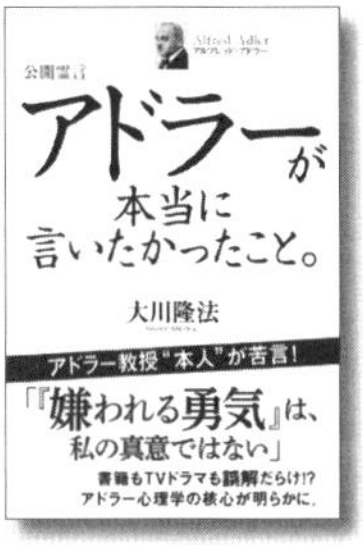

1,400 円

演技する「心」「技」「体」と監督の目 赤羽博監督 守護霊メッセージ

大川隆法 著

「教師びんびん物語」「GTO」などのヒットメーカー・赤羽博監督の守護霊が語る、映画「君のまなざし」の制作秘話、演出論、監督論。

1,400 円

仕事のできる女性を目指して

大川紫央 著

「報・連・相」の基本から、組織全体を左右する「判断力」まで——。上司から信頼され、部下から慕われる「できるオンナ」の仕事術が満載。

1,400 円

幸福の科学出版

運命を変える、
もうひとつの世界。
君のまなざし
製作総指揮・原案／大川隆法
梅崎快人　水月ゆうこ　大川宏洋　手塚理美　黒沢年雄（特別出演）　黒田アーサー　日向丈　長谷川奈央　合香美希　春宮みずき
監督／赤羽博　総合プロデューサー・脚本／大川宏洋　音楽／水澤有一　製作・企画／ニュースター・プロダクション　制作プロダクション／ジャンゴフィルム
配給／日活　配給協力／東京テアトル　©2017 NEW STAR PRODUCTION
5.20（土）ROADSHOW

Welcome to Happy Science!
幸福の科学グループ紹介

「一人ひとりを幸福にし、世界を明るく照らしたい」──。
その理想を目指し、幸福の科学グループは宗教を根本《こんぽん》にしながら、
幅広い分野で活動を続けています。

宗教活動

幸福の科学【happy-science.jp】

- 支部活動【map.happy-science.jp（支部・精舎へのアクセス）】
- 精舎（研修施設）での研修・祈願【shoja-irh.jp】
- 学生局【03-5457-1773】
- 青年局【03-3535-3310】
- 百歳まで生きる会（シニア層対象）
- シニア・プラン21（生涯現役人生の実現）【03-6384-0778】
- 幸福結婚相談所【happy-science.jp/activity/group/happy-wedding】
- 来世幸福園（霊園）【raise-nasu.kofuku-no-kagaku.or.jp】

来世幸福セレモニー株式会社【03-6311-7286】

株式会社 Earth Innovation【earthinnovation.jp】

30th
おかげさまで30周年
2016年、幸福の科学は
立宗30周年を迎えました。

社会貢献

ヘレンの会（障害者の活動支援）【helen-hs.net】
自殺防止活動【withyou-hs.net】
支援活動
- 一般財団法人
「いじめから子供を守ろうネットワーク」【03-5719-2170】
- 犯罪更生者支援

国際事業

Happy Science 海外法人
【happy-science.org（英語版）】【hans.happy-science.org（中国語簡体字版）】

教育事業

学校法人 幸福の科学学園
- 中学校・高等学校（那須本校）【happy-science.ac.jp】
- 関西中学校・高等学校（関西校）【kansai.happy-science.ac.jp】

宗教教育機関
- 仏法真理塾「サクセス№1」（信仰教育と学業修行）【03-5750-0747】
- エンゼルプランV（未就学児信仰教育）【03-5750-0757】
- ネバー・マインド（不登校児支援）【hs-nevermind.org】
  - ユー・アー・エンゼル！運動（障害児支援）【you-are-angel.org】

高等宗教研究機関
- ハッピー・サイエンス・ユニバーシティ（HSU）【happy-science.university】

政治活動

幸福実現党【hr-party.jp】
- <機関紙>「幸福実現NEWS」
- <出版> 書籍・DVDなどの発刊
- 若者向け政治サイト【truthyouth.jp】

HS政経塾【hs-seikei.happy-science.jp】

出版 メディア 関連事業

幸福の科学の内部向け経典の発刊

幸福の科学の月刊小冊子【info.happy-science.jp/magazine】

幸福の科学出版株式会社【irhpress.co.jp】
- 書籍・CD・DVD・BDなどの発刊
- <映画>「UFO学園の秘密」【ufo-academy.com】ほか8作
- <オピニオン誌>「ザ・リバティ」【the-liberty.com】
- <女性誌>「アー・ユー・ハッピー？」【are-you-happy.com】
- <書店> ブックスフューチャー【booksfuture.com】
- <広告代理店> 株式会社メディア・フューチャー

メディア文化事業
- <ネット番組>「THE FACT」【youtube.com/user/theFACTtvChannel】
- <ラジオ>「天使のモーニングコール」【tenshi-call.com】

スター養成部（芸能人材の育成）【03-5793-1773】

ニュースター・プロダクション株式会社【newstar-pro.com】
- <映画>「君のまなざし」【kimimana-movie.jp】ほか1作

ハッピー・サイエンス・ユニバーシティ

Happy Science University

ハッピー・サイエンス・ユニバーシティ(HSU)は、大川隆法総裁が設立された「現代の松下村塾」であり、「日本発の本格私学」です。

学部のご案内

人間幸福学部

人間学を学び、新時代を切り拓くリーダーとなる

経営成功学部

企業や国家の繁栄を実現する、起業家精神あふれる人材となる

未来産業学部

新文明の源流を創造するチャレンジャーとなる

長生キャンパス
〒299-4325
千葉県長生郡長生村一松丙 4427-1
Tel.0475-32-7770

未来創造学部

時代を変え、未来を創る主役となる

政治家やジャーナリスト、俳優・タレント、映画監督・脚本家などのクリエーター人材を育てます。
4年制と短期特進課程があります。

・4年制
1年次は長生キャンパス、2年次以降は東京キャンパスです。

・短期特進課程(2年制)
1年次・2年次ともに東京キャンパスです。

HSU未来創造・東京キャンパス
〒136-0076 東京都江東区南砂2-6-5
Tel.03-3699-7707

ニュースター・プロダクション

NEW STAR PRODUCTION

ニュースター・プロダクション(株)は、新時代の“美しさ”を創造する芸能プロダクションです。2016年3月には、映画「天使に“アイム・ファイン”」を公開。2017年5月には、ニュースター・プロダクション企画の映画「君のまなざし」を公開します。

公式サイト **newstarpro.co.jp**

幸福実現党

党の機関紙「幸福実現NEWS」

内憂外患《ないゆうがいかん》の国難に立ち向かうべく、2009年5月に幸福実現党を立党しました。創立者である大川隆法党総裁の精神的指導のもと、宗教だけでは解決できない問題に取り組み、幸福を具体化するための力になっています。

幸福実現党 釈量子サイト
shaku-ryoko.net

Twitter
釈量子@shakuryoko で検索

若者向け政治サイト「TRUTH YOUTH」

若者目線で政治を考えるサイト。現役大学生を中心にしたライターが、雇用問題や消費税率の引き上げ、マイナンバー制度などの身近なテーマから、政治についてオピニオンを発信します。

truthyouth.jp

幸福実現党 党員募集中

あなたも幸福を実現する政治に参画しませんか

○ 幸福実現党の理念と綱領、政策に賛同する18歳以上の方なら、どなたでも党員になることができます。

○ 党員の期間は、党費（年額 一般党員5,000円、学生党員2,000円）を入金された日から1年間となります。

党員になると

党員限定の機関紙が送付されます（学生党員の方にはメールにてお送りします）。
申込書は、下記、幸福実現党公式サイトでダウンロードできます。

住所 **〒107-0052**
東京都港区赤坂2-10-8 6階
幸福実現党本部

TEL **03-6441-0754**
FAX **03-6441-0764**
公式サイト **hr-party.jp**

入会のご案内

あなたも、幸福の科学に集い、
ほんとうの幸福を見つけてみませんか?

幸福の科学では、大川隆法総裁が説く仏法真理をもとに、
「どうすれば幸福になれるのか、また、
他の人を幸福にできるのか」を学び、実践しています。

入会

大川隆法総裁の教えを信じ、学ぼうとする方なら、どなたでも入会できます。入会された方には、『入会版「正心法語」』が授与されます。(入会の奉納は1,000円目安です)

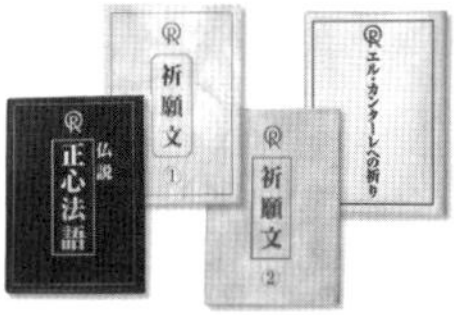

仏弟子としてさらに信仰を深めたい方は、仏・法・僧の三宝への帰依を誓う「三帰誓願式」を受けることができます。三帰誓願者には、『仏説・正心法語』『祈願文①』『祈願文②』『エル・カンターレへの祈り』が授与されます。

三帰《さんき》誓願《せいがん》

ネットからも入会できます

ネット入会すると、ネット上にマイページが開設され、
マイページを通して入会後の信仰生活をサポートします。

01 幸福の科学の入会案内ページにアクセス

happy-science.jp/joinus

02 申込画面で必要事項を入力

※初回のみ1,000円目安の植福(布施)が必要となります。

ネット入会すると……

●入会版『正心法語』が、ダウンロードできる。

●毎月の幸福の科学の活動トピックが動画で観れる。

INFORMATION

幸福の科学サービスセンター

TEL. 03-5793-1727 (受付時間 火〜金:10〜20時/土・日・祝日:10〜18時)

幸福の科学 公式サイト **happy-science.jp**